*l'A*

*de*

# *Dada*

Aurélie Verdier

Flammarion

*« Cinquante francs de récompense à celui qui trouve le moyen de nous expliquer Dada.»*
Affiche pour la matinée Dada,
La Haye, 28 janvier 1923.

## L'abécédaire

Il se compose des notices suivantes, classées par ordre alphabétique.
À chacune d'elles est associée une couleur qui indique sa nature :

### ■ Œuvres et contexte

*291 (revue)*
*391 (revue)*
*Affiche*
*Almanach Dada*
*Assemblage*
*Avant-courriers*
*Cabaret Voltaire*

*Club Dada*
*Collage*
*Constructivisme*
*Dada (revue)*
*Littérature (revue)*
*Merzbau*
*New York Dada (revue)*

*Pays-Bas*
*Photomontage*
*Première Foire*
  *internationale Dada*
*Procès Barrès*
*Surréalisme*

### ■ Instigateurs et protagonistes

*Arp (Hans)*
*Baader (Johannes)*
*Baargeld (Johannes Theodor)*
*Ball (Hugo)*
*Breton (André)*
*Duchamp (Marcel)*
*Ernst (Max)*
*Freytag-Loringhoven*
  *(Elsa von)*

*Grosz (George)*
*Hausmann (Raoul)*
*Heartfield (John)*
*Herzfelde (Wieland)*
*Höch (Hannah)*
*Huelsenbeck (Richard)*
*Janco (Marcel)*
*Man Ray*
*Picabia (Francis)*

*Ribemont-Dessaignes*
  *(Georges)*
*Richter (Hans)*
*Schad (Christian)*
*Schwitters (Kurt)*
*Sélavy (Rrose)*
*Taeuber (Sophie)*
*Tzara (Tristan)*

### ■ Idées et notions

*Abstraction*
*Aléatoire*
*Artiste*
*Attitude*
*Censure*
*Cinéma*
*Correspondance*
*Danse*
*Duos*

*Histoire*
*Hommage*
*Humour*
*Idiotie*
*Label*
*Machine*
*Manifeste*
*Mannequin*
*Objet*

*Poésie*
*Politique*
*Portrait*
*Postérité*
*Presse*
*Publicité*
*Ready-made*
*Scandale*
*Typographie*

Au fil de ces notices, et grâce aux renvois signalés par les astérisques,
le lecteur voyage comme il lui plaît dans l'abécédaire.

## Alitterel.

Zahnwurzeln sind durch Handgranaten zu entfernen. Besitz und Geist ist Oekonomie des Abtritts. Wie anders wären die Geisttreiber existent, als daß sie sich des Weltgeistes versichern in ihrem Sinn. Jedes Schwein von Literat ist schon Unabhängiger, Kommunist. Kommunismus als Stiefelwichse, das Liter zehn Pfennig, damit stellt man sich gute Zeugnisse aus. Die Lumperei, daß Ein- und Zweisteine zur Einfachheit auffordern als würdige Märtyrer → (die Masse zwingt diese Feiglinge, die schon früher Askese manipedikürten). Gewiß, die Masse ist ungeistig. Wir sind antigeistig. Danke für Maden. Die Masse ist in Bewegung, der Geistige hat jeweils seit 10 000 Jahren denselben Buddha als Hintern. Der Masse ist Kunst oder Geist Wurscht. Uns auch. Aber ohne, daß wir uns deshalb als kommunistische Transitgesellschaft auftun. Die Atmosphäre des Kuhhandels (deutsche Revolution) ist nicht die unsere. Die Masse tut gut, zu zerstören (sich selbst instinkthaftund anderes). Wir reißen den geistigen Kramladen um. Wir fordern für diese Tribunen von Schillers Gnaden die Zwangsarbeit. Wir wollen weiter gehen, und die Vernichtung jedes Sinnes bis zum absoluten Blödsinn steigern. Wir fordern die Herstellung von Geist und Kunst in Fabriken.

## Delitterel.

Mißtraut doch. Da wir Euch durchschauen. Eure zersetzte Nichtigkeit haben wir schon vorgestern ausgekotzt. (Ich fordere dem deutschen Geist ein Organ. Es kann nur ein voller, mit einem Zeitungsblatt bedeckter Nachttopf sein.) Die Aktionsdichtung ist schlimmer als Meuchelmord. Hat man noch nicht diesen Johannes Becher lebend zwischen Brettern zersägt? Er bespeit Menschen und Dinge aus seiner ekelhaften Dichterschnauze. Aber die Proletarier schweigen ja auch zur Tat. Und Herrn Pfemfert ist jedes Geschreibsel recht, wenn es nur blöde genug ist. Ich fordere die literarische Fabrik. Oder die deutschen Dichter von Schiller bis Werfel und von Goethe bis Hasenclever in den Abort getunkt.

## Sublitterel.

Wilhelm II war die Inkarnation des Friedensdeutschen. Ebert und Scheidemann sind das wahre Gesicht des deutschen Revolutionärs. Ein schläfriger Hintern mit Bartverbrämung. (Gewiß marschiert die Masse trotzdem. Aber wer sieht, kann es in dieser Stickluft nicht mehr aushalten.) Auch der Bürger ist bewaffnet, er ist zuletzt dem Dada aber gewesen, also geben wir dem verfluchten Dada einen Fußtritt. (Er wird's Euch schon besorgen. Ihr habt nichts zu lachen.) Die Weltrevolution ist seit dem 2. August 1914. Wir brauchen keinen Standpunkt für oder gegen Versailles einnehmen. Dieser Friede ist die zweite Etappe des Unvermeidlichen. Aber die Menschen ziehen vor witterungslos in den Krieg, Frieden, Arbeit, Vergnügen, in alles hineinzuschlafen. Das kommt vom Beischlaf im Dunkeln. Wir wären Kerzen wichtiger als Gummiartikel. Dieser verfluchte Christus sagte: seht die Lilien auf dem Felde. Seh sage; seht die Hunde auf der Straße. Obzwar ihnen tragische Kultur fernliegt. (daimonydale Mythomanie ist schließlich das, was alle diese senilen Schwachköpfe als ethisches Gesetz mit dem gestirnten Himmel verquicken). Aber zum Teufel, die Geistigen halten gerne die Hand hin, damit ihnen einer drauf spucke, und der Bürger sammelt dann Groschen. Wir werden Euch ein Ende bereiten. Den kommunistischen Elan gegen den Bürger und den Geistigen in die Kunstfabrik für Geistesauflösung. Warum spricht das kommunistische Manifest nicht von dem Geistesbourgois, der mit seinen Ausscheidungen die Besitzperipherie sichert. So bliebe die Welt eine Kloake der Feierlichkeit. Hier hilft nur Zwangsarbeit mit Peitschenhieben. Wir fordern Disziplin! Gegen die freie Kunst!! Gegen den freien Geist!!!

R. Hausmann.

---

## dada cordial.

Der Club dada hat ein Bureau für Lostrennungsstaaten eingerichtet. Staatsgründungen in jedem Umfang laut Tarif. Hier und Dorten.

Legen Sie Ihr Geld in d a d a an!

Hannah Höch et Raoul Hausmann,
*Dada cordial*, 1919, collage.
Berlin, Berlinische Galerie.

*« Dada a son origine dans le dictionnaire.*
*C'est terriblement simple. En français, cela signifie*
*"cheval de bois". En allemand : "c'est ça, au revoir,*
*à la prochaine". En roumain : "oui, vraiment,*
*vous avez raison, d'accord, on s'en occupe", etc. »*

Hugo Ball, *Manifeste* lu à la première « Soirée Dada », le 14 juillet 1916.

Moins de six mois après le lancement de Dada, en février 1916 à Zurich, Hugo Ball\*, son fondateur, lance cet avertissement au sujet du mouvement : « Si on en fait une tendance de l'art, cela signifie qu'on veut prévoir des complications. » Aujourd'hui, l'histoire\* lui donne raison car Dada est bien une « tendance de l'art », qui a en effet généré quelques complications : entre ses protagonistes (dont les disputes au sujet de la paternité du nom de baptême du mouvement sont notoires), puis, peut-être aussi pour les historiens qui se sont penchés sur ce mouvement d'avant-garde, né pendant la Première Guerre mondiale et disparu à Paris dans les derniers jours de 1923. Ce mot qui renvoie tour à tour à une galerie, à une revue, à une collection d'ouvrages signe avant tout un courant artistique et littéraire international. Ce cosmopolitisme le distingue des mouvements qui l'ont précédé et desquels il cherche à s'affranchir, tel le cubisme, principalement parisien, ou l'expressionnisme, par essence allemand. Cette « constellation d'individus et de facettes libres » (Tristan Tzara\*) a produit un mouvement qui a souvent été défini un peu trop commodément comme un « état d'esprit » par les dadaïstes eux-mêmes, puis par la critique, pour tenter d'expliquer le foisonnement de styles et de pensées qui le composent mais aussi son goût pour la contradiction : en effet, Dada est collectif et individuel, apolitique et activiste, abstrait et concret. Dada parodie les méthodes de propagande, bien dans l'air du temps, et assène ses (contre)-vérités par voie

John
Heartfield,
*Autoportrait,*
1920.

Carlo Carrà,
*Manifestation
intervention-
niste*, 1914,
collage.
Coll. part.

d'affiches\* ou de collages\*. Pourtant, il y a derrière ce mouvement qui diffuse son énergie « négative » aux États-Unis
(New York) et en Europe (Zurich, Berlin, Hanovre, Cologne,
Paris et jusqu'en Europe centrale) une volonté stratégique
mettant en doute le fait qu'il ne serait qu'un état d'esprit
spontané. On pourrait reprendre le mot d'un artiste du mouvement Fluxus, Dick Higgins, au sujet de Dada : « Parvenir à
l'ineptie en s'engageant totalement dans son présent, c'est le
résultat d'une extrême concentration. »

Si Dada reçoit l'héritage des avant-gardes qui l'ont précédé
(principalement, le collage cubiste, le « mot en liberté » futuriste
et l'abstraction\* des pionniers russes), il tire une force toute
particulière de son nom de baptême, trouvé un jour de 1916.
Rare exemple de mouvement d'avant-garde à s'être baptisé lui-
même (contrairement, par exemple, au fauvisme ou au

cubisme) sans l'entremise d'un critique d'art, Dada devient un véritable slogan, ses membres organisant sa publicité* à coup de scandales*. Le déclenchement de la Première Guerre mondiale marque le début de quatre années traumatiques qui forment le socle commun de l'expérience dadaïste. Pour Dada, rien ne résiste aux coups de boutoir de l'histoire durant la Grande Guerre, et surtout pas ce «squelette de la convention» (Tzara) que sont les valeurs familiales, morales ou culturelles, dans lesquelles aucun des futurs Dadas ne se reconnaît. Dramatique sur les plans humain, économique et culturel, la «guerre de 14-18» tue plus de trois millions de soldats français et allemands, et

Giorgio
De Chirico,
*Le Départ
du poète*,
1914, h/t.
Coll. part.

coûte également la vie à de nombreux civils. L'artiste allemand Max Ernst*, artilleur sur le front, exprime cette fracture de la façon la plus lapidaire qui soit : «Max Ernst mourut le 1ᵉʳ août 1914. Il revient à la vie le 11 novembre 1918.» Bien qu'un nombre important de Dadas aient été réformés (la moitié d'entre eux combat au front), le rejet du conflit et la condamnation de la société qui l'a produit sont partout les mêmes dans les villes accueillant Dada. Les situations sont pourtant distinctes : Zurich est la capitale d'un pays neutre où affluent les groupements pacifistes ; New York reçoit les exilés Marcel Duchamp* et Francis Picabia* mais entre en guerre en 1917 ; Berlin est une ville ruinée par la défaite de 1918, et subit la même année une tentative manquée de révolution ; Cologne, comme les autres villes allemandes, est sous le contrôle des vainqueurs et la censure* continue de jouer à plein. À une date inconnue, probablement au mois d'avril 1916, le mot Dada est trouvé, et il est mentionné pour la première fois en mai de la même année dans la revue *Cabaret Voltaire*. Progressivement, la presse* se fait l'écho de ce qu'elle nomme «dadaïsme», opérant une transformation sémantique qui n'est pas neutre, comme le relève Tristan Tzara : «Dans le manifeste de [la revue] DADA 3, j'ai décliné toute responsabilité d'une école lancée par les journalistes et appelée communément le "dadaïsme"», rappelant ainsi utilement que Dada n'a jamais souhaité pérenniser ce mouvement «polyglotte et supranational» (Émile Malespine).

## LE LABEL* «DADA»
### Débuts : un cabaret à Zurich

Homme de théâtre venu de Munich, Hugo Ball annonce le 5 février 1916, par voie de presse, l'ouverture à Zurich du Cabaret Voltaire*, destiné à réunir les forces vives de l'art moderne. Au sein d'un pays resté neutre, Zurich, qui abrite alors un nombre important de pacifistes et de foyers anarchistes, est riche d'une ébullition intellectuelle de premier ordre (Lénine habite dans la Spiegelgasse, la rue du Cabaret Voltaire, James Joyce y écrit *Ulysse*). Pour l'écrivain allemand Hermann Hesse, «le mécanisme de la guerre mondiale, la manipulation de l'opinion publique, l'édifice des mensonges érigé par la propagande politique, tout cela n'était, à l'époque, aussi clairement visible qu'à partir des quelques pays neutres de l'Europe. Ball vit le sabbat des sorcières et y réagit avec une

Marcel Janco, affiche pour la lecture par Tzara du *Manifeste Dada*, 1918. Zurich, Kunsthaus.

« *Il est ridicule alors, et cela dépasse les bornes de la bêtise policière, de dire que Dada (dont l'action et le succès sont indéniables) ne soit [sic] "qu'une valeur négative". Même les écoliers ne se font plus avoir avec ce truc du négatif et du positif.* »

Richard Huelsenbeck*, *En avant Dada, une histoire du dadaïsme*, 1920

Affiche *Abend neuer Kunst*, manifestation à la Galerie Dada, Zurich, 1917. Portraits de Hugo Ball, Emmy Hennings et Tristan Tzara par Marcel Janco.

révolte passionnée ». Hugo Ball et sa compagne Emmy Hennings fédèrent un groupe d'individus plus apolitiques qu'engagés, dont le souci est bien de donner à voir une expression neuve, majoritairement issue de l'abstraction. Artistes (Janco*, Segal, Arp*, Taeuber*), écrivains (Huelsenbeck, Tzara) et danseurs (la troupe de Rudolf von Laban) se joignent aux soirées du Cabaret Voltaire. Ball consigne ses intentions dans son *Journal,* témoignage unique des débuts de Dada : « Notre cabaret est un geste. Chaque mot prononcé ou chanté ici signifie pour le moins : que cette époque avilissante n'a pas réussi à forcer notre respect. D'ailleurs qu'a-t-elle de respectable ou d'impressionnant ? Ses canons ? Notre grand tambour les rend inaudibles. »

Néanmoins, des volontés divergentes se font rapidement jour au Cabaret Voltaire. La constitution de Dada comme mouvement n'est pas la décision de Hugo Ball, qui se retire progressivement de la partie, mais du poète Tristan Tzara. Au-delà des insolubles querelles concernant la paternité du mot Dada (Huelsenbeck et Ball l'auraient trouvé par hasard dans le dictionnaire, contre la version qui fait de Tzara son inventeur), c'est bien Tzara qui confère au nom de Dada sa dimension publicitaire, sa puissance de diffusion, faits alors inédits qui se retrouveront au sein de quelques néo-avant-gardes des années 1960 [voir Postérité].

## Propagation du microbe Dada

La fréquence du mot Dada, martelé au sein des revues, sur les affiches, les tracts, les collages et les photomontages*, singularise le mouvement. Dada, « ce microbe vierge » (Tzara), est seul parmi les mouvements d'avant-garde à faire de son nom sa première « œuvre » à part entière. Le mot se propage rapidement, aidé par des méthodes de diffusion efficaces. Tristan Tzara

12

envoie le numéro unique de la revue intitulée *Cabaret Voltaire* au caricaturiste Marius de Zayas, à New York, qui lui expédie en retour la dernière livraison de *291**, une revue qui annonce déjà les grands traits des publications dadas à venir. En juillet 1917, à Paris, le poète Guillaume Apollinaire reçoit de Tzara la revue *Dada**, les Italiens Gino Cantarelli et Julius Evola connaissent le mouvement, et *391**, la revue de Picabia, cite le nom de Tzara dans le numéro de juin 1917, réalisé à New York. Début 1917, Huelsenbeck quitte Zurich pour Berlin, et exporte le mouvement dans une ville au climat politique tendu. Adhérents au Parti communiste, sympathisants anarchistes, admirateurs des révolutionnaires spartakistes Rosa Luxemburg et Karl Liebknecht, assassinés par la nouvelle République de Weimar, les Dadas de Berlin sont engagés dans des combats difficilement comparables à ceux d'autres villes dadas. Le «mot-étendard» Dada (ce «mot-écrin», dit André Gide avec une pointe d'ironie) sert donc des causes diverses : si, à Paris, le cubisme est la «bête noire» d'un Picabia, à Berlin, c'est le courant expressionniste qui est l'objet des

Couverture de la revue *Der Dada*, 1919.

assauts des artistes et écrivains allemands, pourtant formés à son école, comme Raoul Hausmann*, Hans Richter*, George Grosz* ou Richard Huelsenbeck. Seul Kurt Schwitters*, qui crée la dissidence Merz à Hanovre [voir Merzbau], compte parmi les artistes de la fameuse galerie expressionniste de Herwarth Walden, Der Sturm – cette adhésion explique en partie son rejet par les Dadas de Berlin et entraîne son activité inlassable en dehors

MoUVEMENT
DADA

BERLIN, GENÈVE, MADRID, NEW-YORK, ZURICH.

PARIS,

CONSULTATIONS : 10 frs

S'adresser au Secrétaire
G. RIBEMONT-DESSAIGNES,
18, Rue Fourcroy, Paris (17e)

DADA
Directeur : TRISTAN TZARA

D₂ O' H²
Directeur :
G. RIBEMONT-DESSAIGNES

LITTÉRATURE
Directeurs :
LOUIS ARAGON, ANDRÉ BRETON
PHILIPPE SOUPAULT

M'AMENEZ'Y
Directeur : CÉLINE ARNAUD

PROVERBE
Directeur : PAUL ELUARD

391
Directeur : FRANCIS PICABIA

'Z'
Directeur : PAUL DERMÉE

Dépositaire
de toutes les Revues Dada
à Paris : Au SANS PAREIL
37, Av. Kléber    Tél. : PASSY 25-22

du mouvement. À Cologne, le mot est repris par le duo*
Ernst-Baargeld* qui organise quelques expositions mémo-
rables, dont le scandale est amplement relayé par la presse.

La venue de Tzara à Paris, en janvier 1920, sur l'insistance de
Francis Picabia puis d'André Breton*, offre à Dada une nouvelle station dans une capitale européenne. Dada est présent
sur tous les fronts parisiens : matinées et soirées, fausse conférence détournée en événement dada, expositions, tracts,
affiches, revues donnent le ton à une ville finalement presque
acquise à sa cause – en dépit de réels scandales –, les aînés en
littérature, tels André Gide et Paul Valéry, trouvant plutôt
divertissant d'être bousculés par ces jeunes gens (Breton et
Louis Aragon, notamment) dont ils connaissent le potentiel.

Le cas de New York est singulier : la ville accueille Francis
Picabia dès 1913 puis à nouveau en 1915-1916, et Marcel
Duchamp, véritable messie de l'art moderne outre-Atlantique
depuis le succès de scandale de son *Nu descendant un escalier*
(1913) à l'Armory Show, y arrive en 1915. Le rôle moteur de

ces deux artistes phares du XXᵉ siècle et leur influence décisive sur certains dadaïstes font de cette ville un épicentre dada «rétrospectif». Ainsi ce n'est qu'en 1921 que Man Ray* et Duchamp demandent à Tzara que Dada soit officiellement transposé à New York, ce à quoi Tzara répond que «Dada appartient à tout le monde» – ce qui ne peut déplaire à deux grands francs-tireurs de l'art.

Soucieux de diffusion dans le monde de l'art, mais sans hiérarchie ni prosélytisme, tout le monde étant «Présidents et Présidentes» de Dada, comme le dit une affiche, ses protagonistes ne cherchent pas à le maintenir en vie quand le tour de piste est achevé, aux derniers jours de 1923. À l'heure des bilans, après l'apothéose de la Première Foire internationale Dada* en 1920 à Berlin (qui montre près de deux cents œuvres), Richard Huelsenbeck écrit dans l'une des très subjectives histoires du mouvement qu'il rédige la même année : «Dada prévoit sa fin et en rit»; et il ajoute, en véritable dandy, qu'il faut «avoir le talent de rendre son déclin intéressant et agréable».

Johannes Theodor. Baargeld, *Venus au jeu des rois,* 1920, collage. Zurich, Kunsthaus.

### LE « MOI » DE DADA

#### « Chaos et ascétisme »

Le génie de Dada serait peut-être d'avoir su fédérer ce qui n'était pas voué à se rencontrer. Le label Dada recouvre des notions différentes dans des villes, on l'a dit, aux histoires singulières. Pour Tristan Tzara, « la complexe évolution de Dada, ses tendances différentes dans les centres où il s'est développé, sont le corollaire de son antidogmatisme ». Dans une lettre à Picabia, Tzara utilise les mots « chaos et ascétisme » pour définir ses aspirations en art, faisant par là un résumé convaincant du paradoxe qu'est Dada. Formulé par Raoul Hausmann, Dada est une forme de « mobilité interne » qui entraîne le mouvement, en s'emparant de toutes les techniques, du chaos des photomontages au dépouillement de l'abstraction.

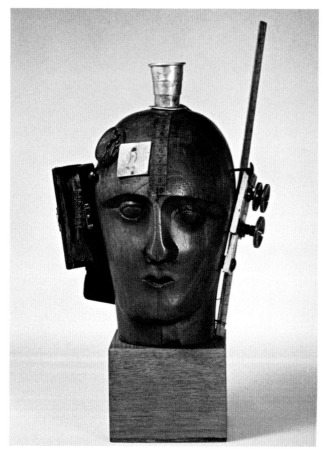

Raoul Hausmann, *Tête mécanique* ou *L'Esprit de notre temps*, 1919, assemblage. Paris, musée national d'Art moderne-Centre Georges-Pompidou.

Sophie
Taeuber,
*Composition
horizontale-
verticale*,
1918,
aquarelle.
Zurich,
Kunsthaus.

C'est bien du côté du chaos également que se situe une personnalité fantasque et mystique comme Johannes Baader\*, en tous points opposé à la sereine abstraction et à une certaine forme d'ascèse d'un Hans Arp. Dada choisit d'être une attitude\* plutôt qu'un style pictural défini, faisant du Moi de l'artiste, changeant et éclaté, une sorte de fil rouge qui parcourt le mouvement. Seul à Hanovre, Schwitters vit plusieurs vies artistiques au travers de son grand projet Merz, en tant qu'artiste, poète, typographe et architecte de sa grande construction, le Merzbau\*. Une même multiplicité définit l'expression des artistes et poètes Arp et Picabia, l'œuvre littéraire n'étant jamais vue comme secondaire. Marcel Duchamp opte pour un véritable dédoublement (avec l'aide de Man Ray à la mise en scène) lorsqu'il s'invente un double féminin du nom de Rrose Sélavy* et multiplie les apparences dans ses portraits* photographiques. Avec Dada, l'œuvre est tombée de son piédestal : elle est aussi bien un produit manufacturé (le ready-made* de Duchamp) qu'un tableau « de Picabia », simplement *signé* par tous ses amis pendant sa convalescence d'un zona ophtalmique (*L'Œil cacodylate*, 1921). L'artiste*, au cœur de Dada, opère un changement radical dans le statut de l'œuvre et de son auteur.

### Coloration dada

Au-delà de l'interprétation, souvent avancée dans les études sur Dada, qui en fait un mouvement nihiliste, celui-ci réplique plutôt par le rire et préfère un scepticisme, un doute méthodique, comme celui de René Descartes. À ce philosophe plus proche du mouvement qu'il y paraît, un numéro de la revue *Dada*\* rend hommage par une citation en couverture : « Je ne veux même pas savoir s'il y a eu des hommes avant moi », affichant haut le refus de Dada d'hériter du passé. Et Tzara répond en un écho involontaire et radical à Descartes dans son *Manifeste Dada 1918* : « Il y a un grand travail destructif, négatif à accomplir », ajoutant l'injonction « Balayer, nettoyer » en guise de programme. Mais chez Dada ce sabotage possède toujours un revers. Il s'agit de détruire en vue d'exigences plus élevées : « On envisage l'anéantissement (toujours prochain) de l'art. Ici, l'on désire un art plus art », dit encore Tzara dans son *Manifeste sur l'amour faible et l'amour amer* (1920).

Ainsi, quand Picabia rencontre Tzara et Arp à Zurich, Dada vient marquer de son empreinte la revue du premier, *391*, tandis que *Littérature*\* passe du statut d'une revue de « bonne compagnie », selon le mot de Breton, à un éphémère organe de promotion dada, à la mise en page moins sage. Un exemple, parmi d'autres, témoigne de ce phénomène de coloration : sur l'impulsion de Schwitters et de l'artiste néoplasticien Theo Van Doesburg, Dada émigre aux Pays-Bas* le temps d'une tournée. La revue *Mecano* de I.K. Bonset (pseudonyme dada de Van Doesburg) s'éloigne de l'austérité des préceptes néoplastiques de la revue *De Stijl* pour une rhétorique dadaïste, dans des pages où Georges Ribemont-Dessaignes* exprime le

Francis Picabia, *L'Œil cacodylate*, 1921. Paris, musée national d'Art moderne-Centre Georges-Pompidou.

« Se dépouiller de son moi comme d'un manteau troué.
Ce qui ne peut être maintenu doit être abandonné. Il y a des êtres
qui ne supportent absolument pas d'abandonner leur moi.
Ils croient n'en posséder qu'un seul exemplaire. »

Hugo Ball, *La Fuite hors du temps*, 1927

phénomène Dada précisément par une métaphore chimique : « C'est DADA, le dada, qui spontanément, au contact de l'air humide et sentimental se transforme en acide dadaïque et ne laisse après lui qu'un petit résidu noir et une fumée bleuâtre. » Enfin, l'hommage\* ou la dédicace sont également des procédés qu'emploie volontiers Dada pour saluer d'autres dadaïstes, au travers des revues ou encore à même les œuvres, et qui font de Dada cette « constellation d'individus » dont parle Tzara.

### Dada et le public : un miroir, vite

La dimension publique des événements dadas constitue le point commun à toutes les villes où le mouvement s'est manifesté. Les apostrophes contenues dans les tracts ou les revues (*391* étant le modèle du genre) visent toutes à tendre un miroir

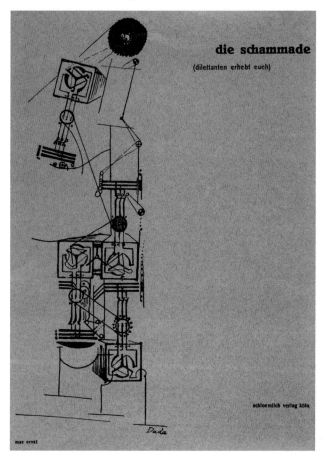

Couverture de *Die Schammade*, édité par Max Ernst et Johannes T. Baargeld, 1920.

Raoul Hausmann, *ABCD*, 1924, collage. Paris, musée national d'Art moderne-Centre Georges-Pompidou.

à un public exaspéré, Dada jouant de l'idiotie\* pour défier les instances du bon goût et l'autorité sous toutes ses formes. Louis Aragon rappelle comment les manifestations de Dada à Paris étaient menées par un Tzara habitué à provoquer le public depuis l'époque du Cabaret Voltaire : « [Tzara] nous [dit] comment […] on émeut les gens à ce point qu'ils s'oublient eux-mêmes, et les conséquences de leurs actes. Et c'est ainsi qu'à Zurich, Tzara avait vu des gens jeter leurs clés sur la scène à bout de projectiles, quitte à ne pouvoir rentrer chez eux. » L'historien de Dada Michel Sanouillet évoque les rôles qu'endossent les Dadas parisiens, au vernissage de l'exposition *Max Ernst* à la galerie-maison d'édition Au Sans Pareil, pour provoquer des spectateurs médusés : « Les Dadas, sans cravates et gantés de blanc, passaient et repassaient. Breton croquait des allumettes, Ribemont-Dessaignes criait à chaque instant : "Il pleut sur un crâne." Aragon miaulait, Philippe Soupault jouait à cache-cache avec Tristan Tzara, tandis que Benjamin Péret et Serge Charchoune se serraient la main à chaque instant. Sur le seuil (où se tenait un mannequin au sourire énigmatique), Rigaut comptait à voix haute les automobiles et les perles des visiteuses.» Les manifestations sont d'ailleurs parfois reçues avec enthousiasme – ainsi la «Tournée Dada» aux Pays-Bas de Schwitters et Van Doesburg –, de même qu'un ouvrage poétique comme *Anna Blume* (1919), de Kurt Schwitters, connaît un succès important. Soulignant la dimension publicitaire de Dada, Huelsenbeck rappelle d'ailleurs que Dada «ne veut être qu'un miroir devant lequel on passe rapidement ou une affiche dont les couleurs instantanées et criardes signalent une occasion quelconque pour dépenser son argent ou se remplir le ventre».

## « NUL N'EST CENSÉ IGNORER DADA »

Déclaration anonyme, «Salon Dada»,
Paris, galerie Montaigne, juin 1921

Si Dada n'est pas à l'origine de nouvelles techniques (reprenant pour partie les innovations cubistes et futuristes), il produit une esthétique singulière. Sur le plan des idées, Dada modifie considérablement l'appréhension de la notion d'œuvre d'art comme celle de l'artiste. Indifféremment, les Dadas exaltent l'actualité la plus brûlante ou s'emparent au contraire des nouvelles les plus triviales. Dada réfute l'idée d'une hiérarchie au sein des sujets de l'art et bannit l'anecdote pour lui préférer la mise en œuvre des moyens plastiques et poétiques : photomontage, assemblage*, danse* ou poésie* simultanée. L'œuvre n'offre plus le prétexte à une narration et le langage se délivre de ses référents familiers. Dada insiste en retour sur ce qu'il nomme le «matériau élémentaire», voulant revenir aux sources d'une certaine conception de l'art, débarrassé de la logique ou du Beau. Quand Dada s'empare du genre traditionnel du portrait, il en fait un équivalent mécanique dérisoire, ou réactive, à Berlin, la tradition de la caricature politique, avec Grosz, Heartfield* ou Hausmann.
Il existe des tentatives de rapprochement politique* – l'appel intitulé *Manifeste art prolétarien* (1923) par exemple, ou l'adhésion de certains au Parti communiste allemand –, mais ce sont surtout la conception de Dada comme force intrinsèque, son élan vital et son absence de programme qui priment

sur toute idéologie. Pour Richard Huelsenbeck, «l'art dépend dans son exécution et sa direction du temps dans lequel il vit et les artistes sont les créatures de leur époque. L'art le plus élevé sera celui qui représente, dans le contenu de sa conscience, les multiples problèmes de l'époque; celui qui, s'il a été ébranlé par les explosions de la semaine précédente, ramasse ses membres sous les coups du dernier jour. Les meilleurs artistes, les plus inouïs, seront ceux qui, à chaque heure, reprendront les lambeaux de leur corps, dans le brouhaha des cataractes de la vie [...]. Le mot dada symbolise la relation la plus primitive avec la réalité environnante, avec le dadaïsme, une nouvelle réalité prend possession de ses droits». Formulé par Tristan Tzara dans son *Manifeste Dada 1918*, Dada pourrait aussi avoir tenté, dans quelques villes, de répondre à cette question : «Comment veut-on ordonner le chaos qui constitue cette infinie variation : l'homme?»

Walter Serner,
*Dernier
Dérangement,
manifeste,*
1920.
Coll. part.

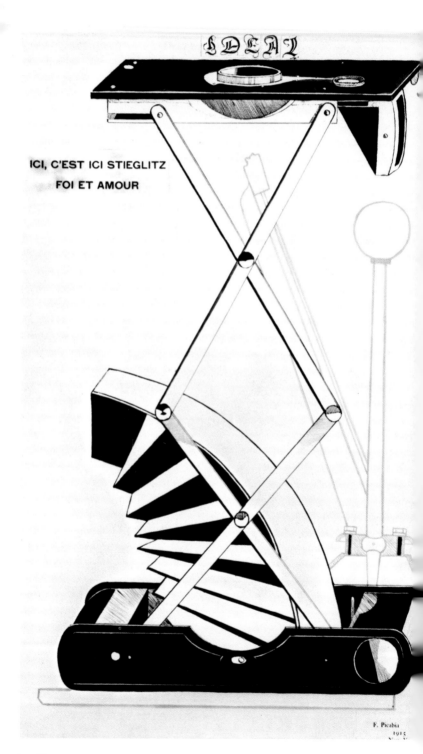

ICI, C'EST ICI STIEGLITZ
FOI ET AMOUR

F. Picabia
1915

# A B É C É D A I R E

## ■ 291

Créées en 1905, au 291 de la Cinquième Avenue à New York, à l'initiative du photographe Alfred Stieglitz, les Little Galleries of the Photo-Secession, plus connues sous le nom label* 291, offrent un lieu de débat sur le rôle du médium photographique au sein de l'art moderne. Stieglitz dirige également depuis 1903 la revue *Camera Work*, qui fait connaître outre-Atlantique les hérauts de l'art moderne, du postimpressionnisme à Pablo Picasso en passant par les premiers écrits de Gertrude Stein. 291 (qui devient une revue en mars 1915) est certainement un des avant-courriers* les plus directement liés à Dada, notamment en raison de la participation active de Francis Picabia*, qui est alors le lien entre la France et les États-Unis. L'exposition de l'Armory Show, en 1913, signe le coup d'envoi de l'art moderne aux États-Unis et prépare le climat qui oppose ses tenants et la critique, prompte à se croire flouée devant ce qu'elle juge être un « anti-art ». En 1915, Picabia effectue son deuxième séjour à New York et y retrouve Marcel Duchamp*. Le premier confirme son goût pour la provocation dans le numéro 5-6 de *291*, en réalisant une série de portraits* de son entourage dans le style *mécanomorphe*, sorte d'équivalent du portraituré sous la forme d'éléments mécaniques. Ainsi, dès son arrivée aux États-Unis, Picabia affirme : « Je me suis avisé que le génie du monde moderne, c'est la machine*. »

En janvier 1917, à Barcelone, Picabia lance *391*, se calquant, au début, sur son aînée américaine, *291*, grâce à laquelle il a probablement appris, comme le remarque Michel Sanouillet, le métier de directeur de revue ; une expérience qu'il met à profit dans des pages parmi les plus explosives qu'ait produites Dada.

## ■ 391

« *Avec* 391*, notre angle de vision s'est élargi d'autant de degrés.* »
Hans Richter

Née en janvier 1917 à Barcelone, la revue de Francis Picabia*, *391*, rend hommage à la revue new-yorkaise *291* et à la galerie éponyme, fondées sous le patronage du photographe Alfred Stieglitz. Les premiers dessins mécanomorphes de Picabia, le ton satirique, le format du type « brèves du monde entier » influencent durablement le style des revues dadas à Paris. Quatre numéros paraissent entre janvier et mars 1917, puis la publication devient plus irrégulière. Les collaborateurs changent au gré de l'itinérance de ce que Picabia nomme la « revue en voyage » : Barcelone, New York, Zurich et enfin Paris, pour les numéros 9 à 14. Une fois à Paris, *391* durcit le ton et les coups d'éclat s'affichent au fur et à mesure des numéros ; rupture avec les cubistes de la Section d'or, polémiques en tous genres avec l'académisme, critiques virulentes du marché de l'art, imprécations contre les salons offrent une

Francis Picabia, *Ici, c'est ici Stieglitz*, 1915, encre, publié dans le n° 5-6 de *291*, juilllet-août 1915. New York, Metropolitan Museum of Art.

lecture polémique et un témoignage précieux de la vie des arts, vus par la lunette déformante de Francis Picabia et de ses amis. Deux numéros d'une revue parente, intitulée *Cannibale* (« sous la direction de Picabia avec la collaboration de tous les dadaïstes du monde »), paraissent entre mars et juillet 1920. Dès 1922, les numéros reflètent le climat de querelle qui anime les Dadas parisiens : autour de Picabia se regroupent les fidèles, comme Georges Ribemont-Dessaignes*, auxquels s'ajoutent Man Ray*, Marcel Duchamp*, Pierre de Massot (qui publie en 1922 un ouvrage intitulé *De Mallarmé à 391* et devient le gérant de la revue) et Robert Desnos, poète qui rallie bientôt le groupe surréaliste d'André Breton*. Une partie d'échecs que Picabia gagne contre Henri-Pierre Roché et sa revue *The Blind Man* décide en août 1917 de la survie de *391*. De là, la publication vit encore suffisamment pour dispenser ses humeurs pendant tout le temps que dure Dada, et même un peu au-delà.

Couverture de *391*, Paris, mars 1920 (Marcel Duchamp, *LHOOQ*).

26

# ■ ABSTRACTION

*« Le peintre nouveau crée un monde, dont les éléments sont aussi
les moyens, une œuvre sobre et définie, sans arguments. »*
Tristan Tzara, *Manifeste 1918*

L'abstraction est un langage propre à Dada dès ses débuts au Cabaret
Voltaire*. La rencontre de Hans Arp* avec Otto et Adya Van Rees,
Arthur Segal et Sophie Taeuber* favorise l'adoption d'un vocabulaire
abstrait qu'il partage avec quelques autres à Zurich, comme Hans
Richter*, Marcel Janco* et Marcel Slodki. Vassily Kandinsky, figure
fondatrice de l'abstraction et qui a une influence considérable sur
Hugo Ball*, joue également un rôle déterminant. La technique du bois
gravé qu'utilisent Janco, Arp et Richter laisse libre cours à l'invention
de formes qui donnent aux pages des premières publications une gra-
phie austère et rythmée, marque de Dada à Zurich. L'abstraction chez
Dada est un phénomène diffus et protéiforme qui imprègne les
recherches cinématographiques (Richter, Eggeling, Man Ray*), la poésie* (Hausmann*, Tzara*, Huelsenbeck*, Schwitters*), les arts plastiques et la danse*. Ball évoque ainsi les soirées du Cabaret Voltaire :
« Danses abstraites : un coup de gong suffit pour que le corps de la
danseuse entre en action et décrive les configurations les plus fantastiques. » Pour Raoul Hausmann, le « nouveau matériau » de l'art
abstrait s'empare aussi de la lettre alphabétique, conçue comme pho-
nème vocal et visuel.

L'abstraction forme le trait d'union entre des personnalités diverses de
Dada : par exemple, le vocabulaire de formes organiques, élémentaires
de Hans Arp peut trouver un écho dans les recherches sur le langage,
malléable et abstrait, des poèmes phonétiques de Kurt Schwitters ou de
Raoul Hausmann. Pour Tristan Tzara, « le peintre moderne est essentiel, il serre, cen-
tralise, synthétise,
et la loi qu'il impose
est l'ordre. Son art
doit être comme le
jardin d'un empe-
reur, dans son
âme : sévère, rangé
et propre ». Si le
poète pense alors
aux reliefs de Hans
Arp, il s'enthou-
siasme aussi quel-
ques années plus
tard pour l'abstrac-
tion énigmatique
des photogrammes
de Christian Schad*
et de Man Ray.

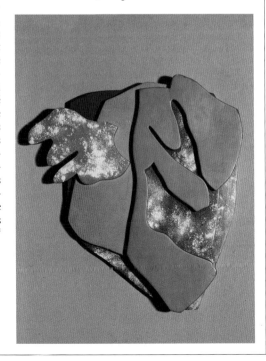

Hans Arp, *Tête
de Tzara*, 1916,
relief sur bois peint.
Genève, musée
d'Art et d'Histoire.

Affiche pour
la *Soirée du
Cœur à barbe*,
1923,
lithographie.
Coll. part.

Jango* ou de Hans Arp*. Celles de Johannes Baader* à Berlin résultent d'une collecte de prospectus formant un collage* disparate de photographies d'identité et de tracts dadas. Pour Raoul Hausmann*, c'est par le poème-affiche que s'exprime sa poésie* *phonétique*, véritablement « sonore » dans son contenu comme dans sa typographie.

L'humour* et la provocation jouent également un rôle central que véhicule facilement l'affiche, produite rapidement et diffusée en grand nombre. Ainsi

## ■ Affiche

Il revient probablement à Dada d'avoir encouragé une véritable « culture » de l'affiche, issue des avant-gardes de la fin du XIXᵉ siècle, et d'avoir renouvelé radicalement ce mode d'expression. Conçue souvent au moindre coût, l'affiche dada sert la volonté de diffusion du mouvement, en faisant usage des outils de la publicité* contemporaine. Objet de tous les soins dans le choix de la typographie*, elle témoigne également des grandes tendances stylistiques de Dada. Les affiches de Zurich qui annoncent les conférences ou les soirées du Cabaret Voltaire* sont tirées de bois gravés de Marcel

l'affiche du « Salon Dada » qui se tient à Paris en juin 1921 interpelle le passant – « Qui est-ce qui veut une paire de claques ? » – et annonce que « nul n'est censé ignorer Dada ». À ce salon sont d'ailleurs présentées quelques affiches issues d'autres villes dadas (un éphémère bal à Genève, une affiche des Dadas de Cologne).

Lors de la Première Foire internationale Dada* de Berlin, les affiches de John Heartfield* montrent des portraits* photographiques des Dadas accompagnés de slogans percutants et parodiques, tel « Dada est grand et John Heartfield est son prophète ».

## ■ ALÉATOIRE

*« Faire un tableau de hasard heureux ou malheureux
(veine ou déveine). »*
Marcel Duchamp, *Boîte de 1914*

Hans Richter, *Portrait visionnaire*, 1917, h/t.
Paris, musée national d'Art moderne-
Centre Georges-Pompidou.

L'utilisation de l'aléatoire chez Dada se traduit par la préférence donnée au matériau sur l'anecdote dans une volonté de faire primer les moyens de l'art au détriment de ses fins. Le sujet traditionnel est rejeté au profit d'une recherche sur le matériau élémentaire, rendant possible la résurrection de tout ce qui est considéré comme « impur » – l'assemblage*, le photomontage*, l'objet* issu de la rue. Dans cette perspective, la convocation de l'aléatoire vise à empêcher l'application des « recettes » traditionnelles de l'art. Chez Hans Arp*, l'usage du hasard épouse sa production dada et même au-delà. Pour lui, l'acte créateur importe plus que le résultat, et le hasard est vu comme un potentiel artistique à exploiter (*Collage arrangé selon les lois du hasard*, 1916). De même, les *Portraits visionnaires* (1917) de Hans Richter* sont peints de nuit, presque à l'aveugle. Quant à Marcel Duchamp*, il fait en sorte que l'aléatoire et l'accidentel caractérisent certaines de ses œuvres : il réalise en 1914 les *Stoppages-étalons* grâce à la chute d'un fil sur un plan et enregistre la ligne sinueuse qui en découle. En 1924, il forge un système destiné à gagner au jeu de la roulette et établit des martingales qui, selon lui, sont « toutes bonnes et toutes mauvaises » (*Obligation pour la roulette de Monte-Carlo*). Son grand œuvre, *La Mariée mise à nu par ses célibataires, même*, réalisé entre 1915 et 1923, se brise accidentellement lors d'un transport, créant un faisceau de cassures qui réjouissent Duchamp.

Chez Man Ray*, l'aléatoire donne même l'impulsion à nombre de ses réalisations, depuis ses rayographies découvertes à la suite d'un événement fortuit (la porte de la chambre noire aurait été ouverte inopinément) jusqu'à son film *Retour à la raison* (1923), qui procède de la même technique expérimentale.

### Almanach Dada

En 1920, Richard Huelsenbeck* publie l'*Almanach Dada* à Berlin, un ouvrage mêlant des contributions de différents Dadas à travers le monde et qui fait suite à l'événement marquant, en forme d'apothéose, qu'a été la Première Foire internationale Dada*. Ce livre constitue la seule anthologie d'envergure du mouvement – il existe néanmoins quelques numéros de revues dadaïstes à visée internationale, ainsi le double numéro 4-5 de *Dada*\* ou encore *Bulletin D* de Max Ernst* et Johannes T. Baargeld* – après qu'a échoué la double tentative d'abord entreprise par Huelsenbeck à Berlin avec *Dadaco*, ambitieuse synthèse du mouvement, puis reprise par Tristan Tzara* à Paris sous le nom de *Dadaglobe*, et dont le coût prohibitif empêcha l'éditeur munichois Kurt Wolff de la publier. Annoncé à coup de publicité* dans la revue *Der Dada*, *Dadaco* devait être « le plus grand manuel du monde » ou encore « l'*Atlas de poche dadaïste* ». Des épreuves et des plans de travail de la main de Tzara ont subsisté, qui permettent de comprendre l'ampleur de ce projet.

L'*Almanach Dada* donne un échantillon de la dissémination géographique de Dada. Zurich est au cœur de l'ouvrage, avec l'impressionnante *Chronique zurichoise* de Tzara. New York et Cologne apparaissent plus en retrait, avec la participation de la poétesse Adon Lacroix, épouse de Man Ray*, ou le poème de Hans Arp* *La Couille d'hirondelle*. Richard Huelsenbeck traduit le *Manifeste cannibale dada* de Francis Picabia* et des poèmes de Philippe Soupault. Les Pays-Bas* sont représentés, avec Paul Citroën ; le Berlinois Walter Mehring exprime par une chanson, « Berlin simultan », son aversion du gouvernement allemand – proche de George Grosz*, il sera l'un des premiers à écrire l'histoire* de Dada à Berlin ; et Georges Ribemont-Dessaignes*, dans un texte violemment antipatriotique, assène, impitoyable : « Vous êtes pourris et le feu est allumé. »

### Arp (Hans)

À l'origine du Cabaret Voltaire*, proche, à ses débuts, du cubisme mais aussi du groupe Der Blaue Reiter, Hans Arp (1886-1966), travaille au milieu des années 1910 à la galerie expressionniste Der Sturm, à Berlin, où il rencontre Max Ernst*. En 1916, il rejoint Hugo Ball* à Zurich ; ses compositions abstraites dites *pré-Dada*, ses reliefs de bois peints aux aplats colorés, ses bois gravés et son activité de poète, indissociable de sa pratique artistique, sont au centre de la production du Cabaret Voltaire. Il facilite l'exposition des artistes de l'avant-garde parisienne, tels Amedeo Modigliani ou Pablo Picasso, qu'il a fréquentés lors d'un séjour parisien en 1914 – l'année même où il simule la démence pour échapper à la mobilisation (Alsacien, il aurait combattu dans l'armée allemande).

El Lissitzky, *Arp au monocle*, v. 1923. Clamart, Fondation Arp.

Auteur d'une œuvre entre spiritualité et humour* poétique (il est proche de la théosophie puis du zen), Arp réalise des collages* dus au hasard qui perturbent la conception de l'artiste comme démiurge. Il exécute des œuvres avec Sophie Taeuber* (qu'il a rencontrée en 1915), l'un et l'autre s'encourageant mutuellement vers la voie de l'abstraction dans les *Compositions orthogonales* (1918). Il expose en 1917 à la galerie Dada et au Kunstsalon Wolfsberg avec Marcel Janco* et Hans Richter*.

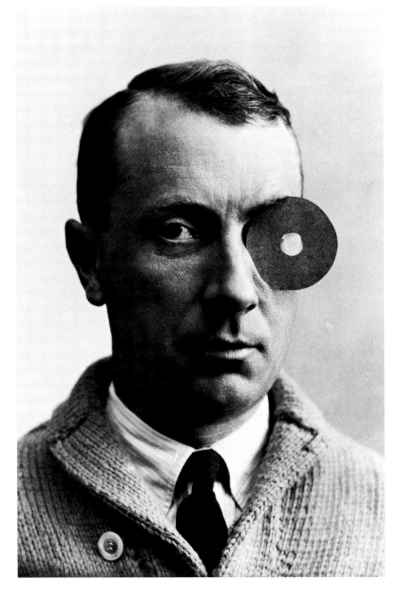

Hans Arp, *Collage arrangé selon les lois du hasard*, 1916-1917. New York, Metropolitan Museum of Art.

Son ouvrage *La Pompe à nuages* (1917, publié en 1920) est lu dans des soirées dadas, tandis qu'il réalise des décors et des costumes pour Sophie Taeuber, danseuse dans la troupe de Rudolf von Laban [voir Danse]. Après une visite de Francis Picabia* à Zurich, il prend contact avec Dada à Cologne, à Berlin et à Paris. Mais c'est avec Cologne que la collaboration est la plus féconde, Arp entamant dès 1919 des œuvres en duo* avec Ernst, appelées *Fatagaga*.

Après l'extinction de Dada, Arp est un temps proche du surréalisme* d'André Breton*, puis poursuit il une pratique artistique placée sous le signe d'une singularité qui ne l'a jamais quitté.

## ◼ ARTISTE

*« Tout ce qu'un artiste crache, c'est de l'art. »*
Kurt Schwitters, 1925

Contre la vision traditionnelle de l'artiste inspiré, Dada oppose une conception de l'artiste engagé – ou dilettante, comme chez Francis Picabia*, pour qui mondanités et dadaïsme ne se contredisent pas. Le modèle du dandy touche-à-tout prime pour ce dernier, qui va jusqu'à s'approprier des œuvres faites par d'autres et qu'il se contente de signer (*L'Œil cacodylate*, 1921). Quant à Marcel Duchamp*, l'interrogation sur la figure de l'artiste s'inscrit en creux dans toute sa pratique. Travesti en femme sous le nom de Rrose Sélavy*, ou encore tonsuré d'une étoile, il est aussi photographié par Man Ray*, posant en malfaiteur recherché par la justice (*Wanted*, 1923). Duchamp est celui qui manipule avec le plus de sûreté la figure de l'artiste, lassé, dit-il, d'entendre l'adage «bête comme un peintre». Pour Raoul Hausmann*, c'est sur un plan social que l'artiste évolue, éprouvant, dit-il, une «aversion à jouer à l'artiste» : «Nous considérant comme des ingénieurs (de là venait notre préférence pour des vêtements de travail, les "over-alls"), nous prétendîmes construire, monter nos travaux. Moi-même je pris […] différents pseudonymes et titres dadas (comme Dadasophe). »

En mai 1923, Hans Arp*, Theo Van Doesburg, Kurt Schwitters*, Christoph Spengemann et Tristan Tzara* contresignent le «Manifeste* art prolétarien» : «L'artiste n'est ni prolétaire ni bourgeois, et ce qu'il crée n'appartient ni au prolétariat ni à la bourgeoisie mais à tous. L'art est une fonction spirituelle de l'homme et vise à le délivrer du chaos de la vie (du tragique). » Cette idée d'un art à la portée de tous, cette dimension spirituelle se retrouve chez le couple Arp-Taeuber*, loin de l'*ego* surdimensionné d'un Johannes Baader* dont l'action, fondée sur une mythologie personnelle, anticipe les néo-avant-gardes des années 1960.

Man Ray,
*Kurt Schwitters*,
v. 1925-1930.

### ■ Assemblage

Le procédé de l'assemblage pourrait résumer la quasi-totalité des pratiques artistiques de Dada, bien que celui-ci n'en soit pas l'inventeur. Ce sont Georges Braque et Pablo Picasso par le collage*, puis Picasso seul par l'assemblage qui inaugurent l'intrusion dans l'art d'éléments issus du réel, thème que Dada exploite à d'autres fins. Parent du montage, l'assemblage est surtout associé à Berlin. La Première Foire internationale Dada* fait la part belle aux assemblages, comme l'explique Raoul Hausmann* : « Je montrais la première concrétisation-assemblage composée d'une planche en bois peinte en noir d'environ 1 m sur laquelle était juxtaposée une planche à dessiner [...]. Au-dessus, j'avais attaché une assiette en faïence bleue, le tout était parsemé de lames de rasoir. Baader* avait fabriqué un grand assemblage-échafaudage concret constitué de matériaux très variés, tels que bois, papiers, flacons, métal, etc. qu'il appelait : "le Grand Plasto-dio-dada-drama". »

Pour Kurt Schwitters*, l'assemblage monumental du Merzbau* se rapproche de l'architecture. Passé maître dans l'art de la récupération systématique des rebuts trouvés dans la rue, Schwitters pare l'objet* réutilisé, spiritualisé même, de nouvelles qualités : « J'ai d'abord construit des tableaux avec des matériaux que j'avais sous la main, comme des tickets de tram, des billets de garde-robe, de petits morceaux de bois, du fil de fer, de la ficelle, des roues tordues, du papier de soie, des boîtes en fer-blanc,

Max Ernst, *Fruit d'une longue expérience*, 1919, bois peint. Genève, coll. part.

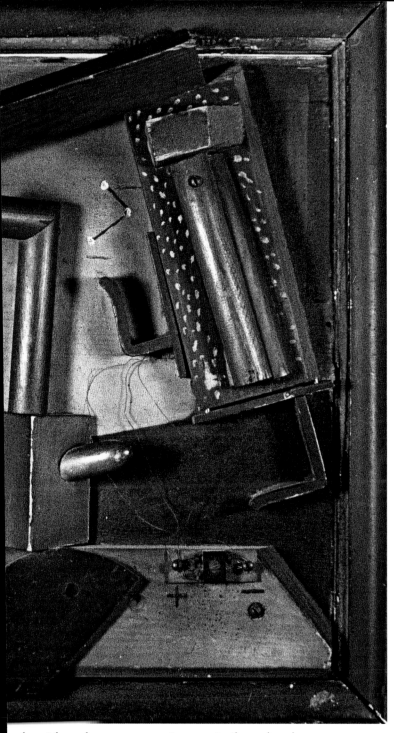

des éclats de verre, etc. Ces objets sont ajoutés au tableau tels qu'ils sont ou transformés, selon les besoins du tableau. Ainsi juxtaposés, ils perdent leur caractère individuel, leur propre poison, sont dématérialisés et deviennent un matériau pour le tableau. »

# ■ ATTITUDE

*« Le génie n'est qu'une manifestation extravagante du corps. »*
Arthur Cravan

Les dadaïstes, et les historiens à leur suite, ont beaucoup parlé d'un « esprit » dada pour tenter de capturer l'essence d'un mouvement difficilement réductible à une dominante stylistique ou idéologique. De Zurich à Cologne, Paris ou Berlin, Dada est une manifestation protéiforme qui pourrait se caractériser avant tout par une volonté de mettre en scène, une attitude en tant que stratégie consciente d'elle-même. Pourtant, les tenants du mouvement (Picabia*, Duchamp*, Breton*) ont beaucoup utilisé l'expression « état d'esprit » pour signifier qu'un esprit dada existait avant Dada. Pour Tristan Tzara*, ainsi, « Dada est l'immobilité et ne comprend pas les passions [...]. Vous l'entendrez souvent : Dada est un état d'esprit. Vous pouvez être gais, tristes, affligés, joyeux, mélancoliques ou dada [...]. »

La récurrence des pseudonymes (qui ne sont pas toujours choisis en « contexte » dada) n'est pas non plus étrangère à cette idée d'une attitude dada, comme c'est le cas de John Heartfield*, Tristan Tzara, Man Ray*, ou I.K. Bonset, double dada de Theo Van Doesburg [voir Pays-Bas], voire d'un double féminin, telle la figure de Rrose Sélavy* pour Marcel Duchamp. Chez Kurt Schwitters*, la signature est l'objet de variations phonétiques qui lui font souvent employer des noms proches du sien, « Q Witters » par exemple.

L'attitude en tant qu'art est une position poussée à l'extrême par certaines personnalités dont on peut dire qu'elles s'inscrivent dans Dada tout en l'excédant, comme c'est le cas de Johannes Baader*. De même, alors que les actions de la baronne Elsa von Freytag-Loringhoven* à New York sont seulement à la lisière de Dada (celle-ci ayant eu des liens plutôt ténus avec le mouvement), c'est pourtant bien son attitude qui suffit à en faire un mythe dada.

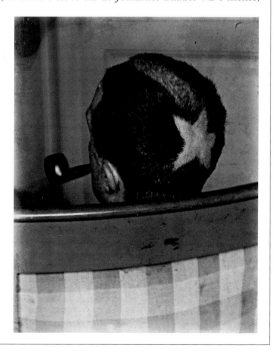

Man Ray, *Duchamp tonsuré*, v. 1921. Paris, musée national d'Art moderne-Centre Georges-Pompidou.

## ◼ Avant-courriers

Deux personnages « mythiques » n'ont pas croisé la route de Dada mais entretiennent à plusieurs titres des liens avec le mouvement. Arthur Cravan, « neveu d'Oscar Wilde […], ex-champion de France de boxe, petit-fils du chancelier de la reine », de son vrai nom Fabian Lloyd, traverse quelques villes dadas avant de disparaître sur un frêle esquif au large de Mexico en 1918. Ses mystifications, ses coups d'éclat, son sens inné de la provocation, sa proximité avec le cercle de Francis Picabia* à Barcelone et New York font de lui un proche parent de Dada. Il signe des articles au vitriol sous de nombreux pseudonymes dans sa petite revue *Maintenant*, qu'il vend à la criée dans une voiture de marchand de quatre-saisons. Il n'y a guère que Francis Picabia pour l'égaler au jeu des médisances sur le petit monde de l'art. Celui-ci s'interroge d'ailleurs dans *391** au sujet de conférences de Cravan : « Sera-t-il vêtu en homme du monde ou en cow-boy ? Au moment du départ, il inclinait pour la seconde tenue et se proposait de faire une impressionnante entrée en scène : à cheval, et tirant dans les lustres trois coups de revolver. »

Dandy météore, poète, Cravan trouve une forme d'écho dans la figure de Jacques Vaché qu'André Breton* rencontre à l'hôpital de Nantes où il est interne, celui-ci revenant blessé du front. « Interprète aux Anglais », grand manieur de ce qu'il nomme l'*umour*, Vaché laisse à sa mort mys-térieuse en 1919 quelques écrits disséminés et ses *Lettres de guerre*, que Breton s'emploie à publier. Au moment de la crise qu'il traverse dès 1921, l'érection de Vaché en mythe précurseur du dadaïsme permet à Breton de créer un pôle de

Affiche du combat de boxe entre Jack Johnson et Arthur Cravan, avril 1916.

résistance face à Tzara* et de minimiser l'influence de Dada. Breton estimait d'ailleurs « que les conclusions de Francis Picabia et de Marcel Duchamp*, dès avant la guerre, jointes à celles de Jacques Vaché en 1917, eussent été de nature à nous diriger sans cela ».

### ■ Baader (Johannes)
*Oberdada*

Doyen des Dadas, Johannes Baader (1875-1955) fait des études d'architecte. Dès les débuts de la Première Guerre mondiale, il commence à s'identifier à la figure du Christ, ce qui lui vaut d'être rapidement jugé inapte au service militaire. Il se lance dans des interventions violemment antimilitaristes qui signent le début d'actions retentissantes : champion de l'invective, il interrompt le sermon du pasteur dans la cathédrale de Berlin le 17 novembre 1918.

« Baader était l'homme qu'il fallait à Dada en vertu de son irréalité naturelle qui pourtant était étroitement liée à une conscience pratique extraordinaire », dit de lui Raoul Hausmann*, qu'il a rencontré à Berlin en 1905. Ensemble, ils publient les premiers numéros de la revue *Der Dada* et des photomontages* mettent parfois en scène leur « gémellité » artistique [voir Duo].

Figure messianique, promoteur de sa propre personne, Baader ne rallie pas le Club Dada* berlinois mais se baptise néanmoins « Oberdada » (Superdada).

Sa remise en cause globale du système de valeurs de la société prend forme notamment dans sa proposition d'une nouvelle temporalité universelle, décidée à partir de l'annonce fictive de sa mort dans la presse – et celle, bien sûr, de sa résurrection. À l'automne 1917, il fonde une société anonyme du Christ, dont les adeptes, moyennant finances, se voient dégagés de l'autorité temporelle allemande et donc des obligations militaires. Sa participation spectaculaire à la Première Foire internationale Dada*, à Berlin en 1920, se résume à une œuvre totalisante, à visée universelle, détruite après la fin de l'exposition, le *Grand Plasto-dio-dada-drama*.

Les avis sur sa personne sont contrastés : pour Richard Huelsenbeck*, Baader est un « imposteur du dadaïsme », un « Christus imitator » et un « escroc halluciné ». Pourtant, il apparaît plutôt comme un des initiateurs d'un art d'attitude* et de la performance, radical dans son questionnement sur l'identité, loin et proche à la fois du mouvement Dada.

### ■ Baargeld (Johannes Theodor)

Pour Kurt Schwitters*, « comme une jeune fille, [J.T. Baargeld] venait du Sud, resplendissait et brillait quelques instants seulement comme la Reine de la Nuit ». Peut-être cette intermittence à laquelle Schwitters fait allusion définit-elle encore Baargeld, mort prématurément d'une chute durant l'ascension du mont Blanc en 1927.

Né en 1892, de son vrai nom Alfred Grünewald, Johannes T. Baargeld (« argent liquide » en allemand) est fils d'un assureur installé à Cologne. Issu d'une famille bourgeoise, il possède une aisance financière qui, comme celle de Francis Picabia* ou de Philippe Soupault à Paris, est bientôt mise à contribution pour le soutien d'entreprises dadas ; en même temps, Baargeld adhère au parti ouvrier d'Allemagne (USPD). Porté volontaire, il revient du front désabusé et s'inscrit dans les rangs du parti ouvrier puis forme un duo* dada avec Max Ernst*. Après des études de droit à l'automne 1920 (qu'il reprendra sitôt les scandales* dadas terminés à Cologne), Baargeld, en compagnie d'Ernst, édite et finance la revue *Der Ventilator*, tirée jusqu'à 40 000 exemplaires et que tous deux vendent dans la rue et à la sortie des usines. Ernst relate leur rencontre placée sous le signe de l'écœurement lié au conflit : « Tous les deux sont dada-prêts, encore assourdis par les hurlements de la guerre et dégoûtés par ses causes. »

Baargeld se signale avec Ernst lors d'expositions-scandales à Cologne (exposition à la Brauhaus Winter), mais aussi à Berlin lors de la Première Foire internationale Dada*. Si nombre de ses œuvres sont aujourd'hui perdues (reliefs, objets*, assemblages*), il reste d'ironiques photomontages* et des dessins minutieux.

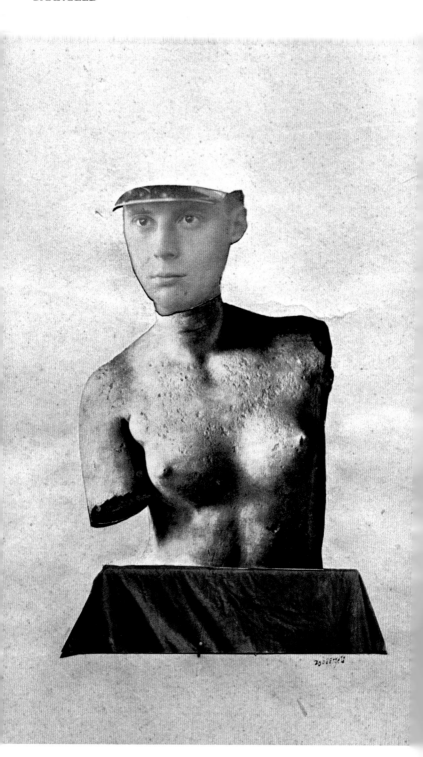

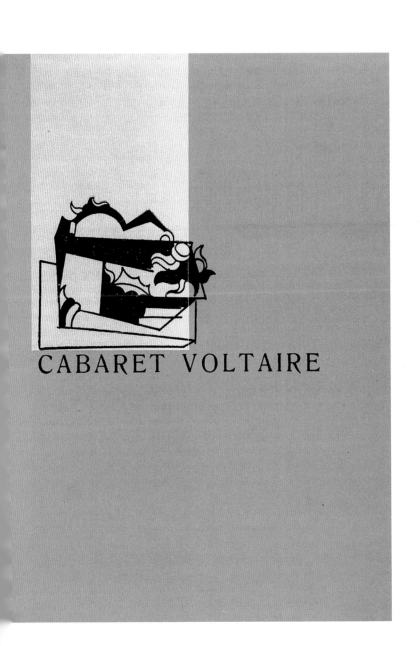

CABARET VOLTAIRE

Couverture de *Cabaret Voltaire, recueil littéraire et artistique,*
Zurich, 15 juin 1916 (directeur Hugo Ball).

DADA siegt

WIEDERERÖFFNUNG

der polizeilich geschlossenen Ausstel

Schildergasse 37.

DADA IST FÜR RUHE und ORDE

DADA ruht nie. —— DADA vermehrt sich.

Hoch die Präsidenten

der internationalen Bewegung DADA und ihre untergeordneten Org

(präsidial beamten vereinigt euch!)

Weshalb bin ich nicht
dieser mutige Vogel?

Druckerei HERTZ, Köln, Mühlenbach 38

*Dada victorieux!*,
affiche pour
la réouverture
de l'exposition
*Précoce printemps
Dada*, Cologne,
mai 1920.
Zurich,
Kunsthaus.

## ■ Censure

Le choix qu'a fait Dada de la provocation, en temps de guerre comme après l'Armistice, est autant le fruit d'une volonté de choquer que le témoignage d'une liberté qui se revendique à haute voix. La censure inquiète partout, ainsi qu'en témoigne une lettre adressée par Francis Picabia* à Tristan Tzara* le 25 février 1919 : « J'ai expédié 960 *391**, pourvu que la censure ne les garde pas pour allumer leurs poêles. » À Berlin, au sein de la société de Weimar, dans un climat politique crispé, le Club Dada* en est aussi victime.

Début 1919, la revue berlinoise *Jedermann sein eigner Fussball* de George Grosz*, Wieland Herzfelde* et John Heartfield* est censurée, pour reparaître peu après sous le titre *Die Pleite* [*La Faillite*], également interdite. L'année suivante, certains protagonistes de la retentissante Première Foire internationale Dada* font l'objet d'un procès qui se conclut par une peine de six semaines de prison pour insulte envers l'armée ; c'est le cas de Grosz avec son portfolio *Gott mit uns* [*Dieu avec nous*] paru aux éditions Malik. L'artiste Rudolf Schlichter, auteur

La censure frappe de façon désordonnée et parfois de manière peu rationnelle : à Cologne, ville occupée par les troupes britanniques, une Ève d'après Albrecht Dürer, détournée sur le collage *La Parole ou Femme-oiseau* (1920) de Max Ernst\*, est jugée outrageante lors de l'exposition *Précoce printemps Dada* (*Dada Vörfrühling*) – à laquelle le public, sur une idée des artistes, doit accéder en passant par les toilettes. Une petite fille en costume de communiante récite des poèmes obscènes tandis que les visiteurs, furieux, brisent des œuvres. Accusés de « supercherie » et de « pornographie », Ernst et Baargeld\* sont arrêtés, entendus puis relâchés. L'exposition est rouverte et les deux artistes, ironiques, affirment sur une affiche\* : « Dada est pour la tranquillité et l'ordre. »

### ■ Cinéma

L'intérêt de Dada pour le cinéma participe d'un mouvement de plus grande ampleur, renvoyant à la riche histoire qui lie cinéma et arts plastiques au sein des avant-gardes.
Les expériences de Dada au cinéma sont variées, depuis la fausse nouvelle de l'adhé-

d'un mannequin à tête de porc, vêtu de l'uniforme allemand et pourvu d'une pancarte « Pendu par la révolution », est relaxé par la suite, comme Otto Burchard, le propriétaire de la galerie où s'est tenue la Foire.

Marcel Duchamp et Man Ray, *Anemic' cinema*, 1925, image du film. Paris, musée national d'Art moderne-Centre Georges-Pompidou.

sion de Charlie Chaplin au dadaïsme (à Paris et à Berlin) jusqu'à de réelles implications : en 1917, John Heartfield* travaille au service éducatif des films militaires, d'où il est renvoyé après son appel à la grève au moment du meurtre, à Berlin, des révolutionnaires spartakistes Karl Liebknecht et Rosa Luxemburg. Le Suédois Viking Eggeling et Hans Richter* élaborent une syntaxe plastique du contrepoint et trouvent une forme d'aboutissement dans l'abstraction* et le cinéma expérimental. Le film *Symphonie diagonale* (1924) d'Eggeling est montré à Berlin, aux côtés de *Rythme 23* (1923) de Richter et d'*Entr'acte* (1924) de René Clair (sur un scénario de Francis Picabia*), ce dernier étant également présenté à Paris en 1924. La projection du film de Man Ray* *Retour à la raison* (1923), commandé par Tristan Tzara* et « improvisé » en une nuit par son auteur, et de *Rythme 23* de Hans Richter lors de la soirée du « Cœur à barbe » (une soirée mouvementée organisée par Tzara, alors que les hostilités au sein de Dada sont ouvertes) oppose André Breton* et les futurs surréalistes à Tzara, et met un terme à l'aventure de Dada à Paris.

Marcel Duchamp* s'intéresse à la quatrième dimension et aux phénomènes optiques. Il réalise en 1926 des disques intitulés *Rotoreliefs*, qu'il présente sans aucun succès au concours Lépine. Sous l'action d'une rotation suffisamment rapide, ces disques optiques frappés d'un calembour donnent l'illusion de la profondeur. C'est en collaboration avec Man Ray pour *Anemic' cinéma* (1925) que Duchamp fait son unique vraie incursion dans le cinéma, en dépit d'un intérêt pour ce médium qui parsème toute son œuvre.

## ■ Club Dada

À Berlin, Dada possède une organisation interne qui lui est propre. Alors que Richard Huelsenbeck* a quitté Zurich pour Berlin, il rencontre Raoul Hausmann* par le biais de Franz Jung, écrivain antimilitariste (il aurait sabordé sa flotte militaire). Tous deux décident de former en 1918, avec l'aide de George Grosz*, John Heartfield*, Walter Mehring et l'artiste et musicien russe Jefim Golyscheff, un « Club Dada » dont tous les membres sont présidents. L'idée fait florès au sein de Dada à Paris, puisque le numéro 7 de la revue *Dada*\* (baptisé *Bulletin Dada*) la reprend en listant « les présidents et présidentes de Dada ».

Le nom Club Dada est mentionné pour la première fois dans un numéro spécial de la revue *Die freie Strasse*, dirigée un temps par Franz Jung et sous l'égide intellectuelle du psychanalyste Otto Gross, dissident de Sigmund Freud. Avec la revue *Der Dada*, dirigée par Heartfield, Hausmann et Grosz, le Club Dada impose son nom par le biais d'une publicité* efficace, de manifestes*, de soirées, de fausses nouvelles parues dans la presse*, annonçant la publication de *Dadaco*, ambitieuse synthèse réunissant des contributions de « tous les dadaïstes du monde », qui finalement ne paraîtra pas pour des raisons financières. Contre l'expressionnisme allemand, que Dada juge apolitique et détaché du réel, et contre les valeurs bourgeoises, le Club Dada s'orga-nise en microsociété, décrite dans un texte paru dans le numéro 2 de *Der Dada* : cette bureaucratie parodique compte notamment un ins-titut géographique, un département de la santé, un autre pour la publicité, le tout placé bien entendu sous le label* Dada.

Raoul Hausmann, bois pour *Club Dada*, 1918, xylographie. New Haven, Rare Book and Manuscript Library.

# ■ COLLAGE

Issu du cubisme de Georges Braque et Pablo Picasso, le collage dada se trouve radicalisé dans ses moyens et dans ses fins. À l'exception de Francis Picabia*, qui s'applique davantage à subvertir la seule peinture, le collage, comme le photomontage*, est employé par tous les Dadas, mettant en place une « esthétique dada ».

Si, au début, les collages de Hans Arp* à Zurich témoignent encore de l'influence de Picasso (dont les collages sont montrés lors des soirées du Cabaret Voltaire* par son entremise), ils évoluent rapidement dans le sens de l'abstraction* d'Otto et Adya Van Rees ou de Sophie Taeuber*, et inaugurent des pratiques singulières : ainsi, les *Duos-collages* (1917) ou collages à quatre mains avec Sophie et les *Collages dus aux lois du hasard* (vers 1917), où l'intervention de l'artiste s'efface au profit de l'agencement aléatoire* des morceaux de papier.

La nouveauté de Dada, dans la pratique du collage, tient à l'usage intensif de matériaux issus des médias de masse : catalogue de vente chez Max Ernst*, magazines féminins pour lesquels travaille Hannah Höch*, rebuts du quotidien et publicité* chez Kurt Schwitters*. Les éléments du collage subvertissent un matériau existant, bouleversant la relation entre fond et forme au profit d'un espace contraint qui n'obéit plus à aucune règle perspective : échelles des objets en présence, typologie des documents collés créent, par leur juxtaposition, un chaos dynamique ou volontairement unifié, comme dans certains collages de Schwitters, proches du constructivisme*. Ernst joue avec une imagerie désuète pour élaborer un univers de « l'inquiétante étrangeté », auquel se greffent des titres inattendus et poétiques. Hans Richter* qualifie ces œuvres « de récits d'un contenu vraiment dangereux ». Pour André Breton*, qui les expose en 1921 à la galerie-maison d'édition Au Sans Pareil, à Paris, ce procédé montre « la faculté merveilleuse, sans sortir du champ de notre expérience, d'atteindre deux réalités distantes et de leur rapprochement de tirer une étincelle ». Cette idée, caractéristique du collage, de collusion entre deux réalités éloignées, d'abord énoncée par le poète Pierre Reverdy, est reprise avec fortune par Breton pour définir le travail d'Ernst, qui trouvera dès lors naturellement sa place au sein du surréalisme* naissant.

Kurt Schwitters, *Zuban Merz 366*, 1922, collage. Berlin, Kunsthandel.

## ■ Constructivisme

Contrairement au surréalisme*, qui suit l'extinction des derniers feux de Dada à Paris en 1924, le constructivisme est le contemporain de Dada. En 1922, un congrès « Dada-constructiviste » se tient à Weimar, scellant un rapprochement qui s'incarne particulièrement dans la collaboration entre Kurt Schwitters* et Theo Van Doesburg aux Pays-Bas*.

Le mouvement international constructiviste s'instaure sur les bases établies par le groupe hollandais De Stijl et sur la démarche de quelques artistes russes proches de la révolution de 1917. Vladimir Tatline, un de ses plus importants protagonistes, appelle en 1915 à une « culture du matériau » qui fait écho à l'injonction de plusieurs dadaïstes, tel Raoul Hausmann* dans son *Appel pour un art élémentaire* (1919). Dans le catalogue de la Première Foire internationale Dada*, Wieland Herzfelde* rend un hommage appuyé à Tatline en reprenant le thème de la mort de l'œuvre d'art au profit de l'objet* industriel, résultat d'une idéologie du productivisme qui inspire les Dadas berlinois les plus politisés.

Certaines figures de Dada Berlin (Raoul Hausmann, Hans Richter*, Viking Eggeling) se rapprochent des préceptes constructivistes en même temps qu'à Hanovre Kurt Schwitters se lance dans une alliance Merz-constructivisme des plus fructueuses. En 1921, celui-ci entreprend avec Hausmann une « Tournée Anti-Dada/Merz » qui débouche sur celle se déroulant la même année aux Pays-Bas. Schwitters produit à cette période des assemblages* et des collages* qui se rapprochent du néo-plasticisme et du constructivisme par l'usage du plan coloré, de l'aplat et de la composition orthogonale. L'énergie vitale de Dada trouve à s'allier avec le constructivisme, dans une volonté commune de débarrasser l'art des scories de la tradition.

Hannah Höch, *Rythme*, 1924. Coll. part.

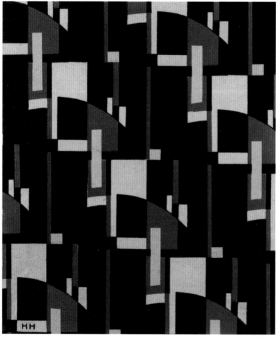

## ■ CORRESPONDANCE
## L'autre œuvre de Dada

L'étude du courrier et de la correspondance chez Dada est intéressante à plus d'un titre : dans un but de diffusion et de promotion du mouvement, lettres et cartes postales permettent la circulation des idées, des revues, des manifestes*. Mais lettres et cartes sont aussi parfois l'*œuvre* elle-même, quand elles subissent manipulation et additions diverses. D'ailleurs, Kurt Schwitters* signe et date des cartes postales qu'il a détournées. La publication de son portrait* en carte postale devient un support pour de nouveaux collages* – des citations de travaux de l'artiste, comme son poème

Kurt Schwitters, *À Walter Dexel*, carte postale du 5 mars 1921. Cologne, galerie Gmurzynska.

*Anna Blume* (1919), constituent une sorte d'auto-hommage* amusant et qui assure une publicité* efficace. D'autres cartes postales montrent des œuvres de Schwitters, tel ce *Grand Tableau-Je* recomposé au moyen de collages en surimpression. Les lettres sont parfois intégrées au collage lui-même, en un effet de miroir. Certains courriers sont devenus célèbres, comme ce refus de Marcel Duchamp* de participer au « Salon Dada », qui se traduit par un laconique jeu de mots, « Pode bal », télégraphié à Jean Crotti.

Si l'ajout d'un dessin de la main de l'artiste dans une lettre est une tradition connue, Dada impose, avant l'heure du « mail art », de faire de la correspondance une expression autonome du mouvement. En témoigne l'attention portée au papier à en-tête (frappé du sigle « Mouvement Dada » notamment) et aux cartes de visite. Celles de Richard Huelsenbeck* ou de George Grosz* ornées d'un œil figurent sur certains photomontages* publiés dans la revue *Der Dada*, tandis que celles, lascives, de Rrose Sélavy* interrogent : « Vous pour moi ? » Enfin, selon Richard Huelsenbeck, Tristan Tzara*, maître en matière de promotion du mouvement, « empaquetait, collait et expédiait ; [et] bombardait de lettres Français et Italiens ».

Couverture
de la revue
*Dada 3*,
Zurich, 1918.
Illustration
Marcel Janco.

### ◼ Dada (revue)

André Breton* raconte avoir découvert «les deux premiers numéros de *Dada* chez Apollinaire qui les considérait d'un très mauvais œil, soupçonnant certains de ses rédacteurs de ne pas être en règle avec l'autorité militaire de leur pays […]». Il ajoute : «Mais c'est seulement *Dada 3*, parvenu à Paris au début de 1919, qui mettra le feu aux poudres.»

Voulue par Tristan Tzara*, la revue *Dada* naît en juillet 1917 sur les presses zurichoises de Julius Heuberger, imprimeur ami des dadaïstes et anarchiste dont les séjours en prison sont fréquents. La revue, dans un procédé cher à Dada, suit l'itinéraire de son directeur : commencée à Zurich avec les contributeurs les plus variés (le poète Pierre Reverdy, le futuriste Enrico Prampolini, le peintre Robert Delaunay, ou Marcel Janco* parmi d'autres), elle se poursuit à Paris jusqu'à son dernier numéro, «Dada au grand air», rédigé à l'issue de vacances que Tzara a passées au Tyrol avec André Breton, Paul Eluard, Hans Arp* et Max Ernst*.

La revue devient l'organe de diffusion principal du mouvement, grâce à une orchestration efficace de Tzara qui l'envoie aux cercles artistiques et littéraires du moment. Un numéro double (4-5) rassemble pour la première fois les Dadas parisiens et ceux de Zurich, et s'ouvre à la deuxième page sur un curieux graphique de Francis Picabia*, intitulé *Mouvement Dada*, qui relie ironiquement Dada à la tradition de la «grande peinture» (sont cités Ingres et Renoir). Les premiers numéros restent classiques dans leur mise en page, puis, progressivement, les audaces typographiques se multiplient et le style de *Dada* s'affirme. Peintres et poètes se partagent la petite dizaine de pages d'une revue qui met l'accent sur l'actualité de Dada et sa publicité*, allant jusqu'à faire la réclame d'«insignes Dada» coûtant 5 francs – voulus par Marcel Duchamp* et jamais réalisés [voir Label].

### ◼ Danse

La danse est un élément déterminant des soirées dadas du Cabaret Voltaire*, témoignant de l'importance, pour le mouvement, de mêler toutes les disciplines artistiques. Sophie Taeuber* fait un temps partie de la troupe des danseuses de l'école de Rudolf von Laban, dont la pédagogie révolutionnaire s'accorde bien avec le désir de programmation pluridisciplinaire du Cabaret Voltaire. Pour Hugo Ball*, homme de scène, la danse est une expression primordiale qu'il décrit dans son *Journal* : « 10 avril 1917. Préparatifs pour la deuxième Soirée. Je répète une nouvelle danse avec cinq danseuses de von Laban, habillées en négresses avec de longs caftans noirs et des masques. Les mouvements sont symétriques, l'accent est mis sur le rythme, la mimique est d'une laideur maladive, poussée à l'extrême. » Interprètes d'un spectacle total, les danseurs portent des masques de Marcel

Sophie Taeuber dansant au Cabaret Voltaire avec un masque de Marcel Janco, 1917. Clamart, Fondation Arp.

Janco*, « terrifiants et ordinairement badigeonnés d'un rouge sang » (Hans Arp*), qui obligent le danseur à se mouvoir, comme pris d'une transe. Sophie Taeuber danse dans des tuniques inspirées des poupées des Indiens hopi et coiffée de masques de sa confection aux côtés des danseuses Jeanne Rigaud et Maya Chrusecz, alors la compagne de Tristan Tzara*.

La danse fascine aussi à Berlin : Raoul Hausmann*, George Grosz* ou Gerhard Preiss, le créateur de la danse dite du « Dadatrott », dont les photographies sont publiées dans la revue *Der Dada*. À Paris, c'est un aspect plus volontiers bouffon qui est mis en avant : ainsi la participation de Valentin Parnac dans « La volaille miraculeuse », une mystérieuse danse programmée à la « Soirée Dada » de la galerie Montaigne, le 10 juin 1921.

### Duchamp (Marcel)

Figure essentielle mais intermittente de Dada, Marcel Duchamp (1887-1968) fréquente les mouvements artistiques avec un détachement qui a contribué à son propre mythe. Au sujet de Dada, il dit ainsi, au moment de sa redécouverte dans les années 1960, sa sympathie pour son esprit de révolte, confirmant par là son regard extérieur. Le paradoxe veut que, comme son ami Francis Picabia*, rétif à tout embrigadement, il en soit un inspirateur de taille. Leur présence conjointe à New York, dès 1915, pose des jalons

importants pour l'implantation des idées de Dada outre-Atlantique, avant même sa naissance à Zurich.

Réformé militaire, Duchamp quitte Paris et son atmosphère qu'il juge belliqueuse et sclérosée pour s'installer à New York. Là, le scandale* de l'exposition, en 1913, de son *Nu descendant un escalier* à l'Armory Show signe l'acte de naissance de l'art moderne aux États-Unis. Il s'entoure d'un groupe d'artistes expatriés (le cubiste Albert Gleizes, le dadaïste Jean Crotti, son futur beau-frère, et Man Ray*, son

complice en art) et de mécènes audacieux et fortunés tel Walter Arensberg.

La volonté de Duchamp de faire de l'art un objet de l'intellect, et non plus un phénomène « rétinien » ou purement visuel, est à la base de son projet. La provocation que constitue, dès 1913, le ready-made* offre des échos à la volonté de Dada de faire du choix de l'artiste* une vertu cardinale ; en même temps, Duchamp renouvelle fondamentalement le rôle de l'artiste – ce qui apparaît, notamment, dans la création de son *alter ego*, Rrose Sélavy*. Si l'humour* y est, comme chez Picabia, essentiel, il faut considérer l'œuvre de Duchamp dans un projet plus vaste, qui excède Dada en de nombreux points. L'histoire* des liens entre Duchamp et Dada serait peut-être même celle d'un refus, tel celui que l'artiste oppose à la proposition de Crotti d'exposer au « Salon Dada », affirmant quelque temps plus tard dans une lettre qu'exposer s'apparente au mot « épouser ». Un comble pour ce célibataire de l'art.

Man Ray, *Marcel Duchamp*, essais photographiques pour l'*Obligation pour la roulette de Monte Carlo*, 1924. Paris, musée national d'Art moderne-Centre Georges-Pompidou.

## ■ DUOS
### Dada bicéphale

En 1917, Hugo Ball* note dans son *Journal* : « Nous sommes cinq et le fait remarquable est que nous ne sommes même jamais réellement en parfait accord, même si nous nous entendons sur les objectifs principaux. Les constellations changent. Tantôt Arp* et Huelsenbeck* s'accordent et semblent inséparables, tantôt Arp et Janco* réunissent leurs forces contre H., puis H. et Tzara* contre Arp, etc. Il existe un mouvement perpétuel d'attraction et de répulsion. Une idée, un geste, une cer-

Johannes Baader et Raoul Hausmann, *Portrait de Baader et Hausmann*, 1920, photomontage. Coll. part.

taine nervosité suffisent pour modifier la constellation sans pour autant bouleverser le petit groupe. » Dada se caractérise pour beaucoup par l'idée de collaboration et d'amitié sous forme de duos ou de trios. Aux États-Unis, le « duo » Francis Picabia* et Marcel Duchamp* puis, pour ce dernier, la rencontre avec Man Ray* sont autant de moments décisifs dans l'implantation de Dada outre-Atlantique.

À Berlin, l'association de Raoul Hausmann* avec Johannes Baader*, puis avec Hannah Höch*, introduit un mode d'expression artistique à deux têtes. À Cologne, Max Ernst* et Johannes Theodor Baargeld* s'attellent ensemble à la rédaction d'une revue. Ernst se lance avec Arp dans des collages à quatre mains, intitulés *Fatagaga* (1920). La soirée « Antidada-Presentismus-Merz », qui se tient à Prague en 1921 à l'initiative de Schwitters*, Hausmann et Höch, est un succès que le trio renouvelle avec la matinée Merz le 30 décembre 1923, où Schwitters et Hausmann donnent à voir sur scène leur poésie parlée et dansée. Et quand Hausmann, Huelsenbeck et Baader entreprennent une tournée en Allemagne, le fait que Baader disparaît avec la caisse des recettes de leur « Grand Tour Dada » relève encore un peu de l'idée d'amitié telle que Dada la conçoit.

## Ernst (Max)

« Né à Brühl en 1891. Résidence actuelle : Cologne. Entre dans sa trentième année. Belle prestance. Très intelligent. Peint moins par amour de l'art que par paresse et tradition millénaire. » C'est l'ironie due au dégoût de la guerre qui dicte à Max Ernst cet autoportrait. Artilleur mobilisé dès 1914, Ernst subit de plein fouet la traumatique expérience du front : « Une guerre horrible et stupide nous avait frustrés de cinq ans d'existence. Nous avions assisté à l'effondrement dans le ridicule et la honte de tout ce qui nous avait été donné pour juste, pour beau et pour vrai. »

En 1916, Ernst expose à la galerie Der Sturm à Berlin, où il rencontre, lors d'une permission, George Grosz* et Wieland Herzfelde*. En 1919, il retrouve à Cologne Hans Arp*, qu'il connaît depuis cinq ans, propageant ainsi le mouvement Dada dans un nouveau foyer. Ces mêmes années, Ernst découvre l'œuvre de Giorgio De Chirico dans la revue *Valori Plastici*, influence également marquante pour les dadaïstes Raoul Hausmann* et George Grosz, visible dans le thème du mannequin*, les perspectives faussées et inquiétantes, et l'allure de scène de théâtre de la ville à l'antique. En novembre 1919, Ernst participe avec Johannes T. Baar-geld* à quelques expositions scandaleuses à Cologne, ville occupée par l'armée britannique, alors prompte à la censure*. Celle de novembre 1919 au Kunstverein s'accompagne de *Bulletin D*, une revue qui fait office de catalogue. La seconde exposition, intitulée *Précoce printemps dada* (*Dada Vörfrühling*), contraint les visiteurs à passer par les latrines.

Célébré par la revue *Littérature** lors d'une présentation de ses œuvres à la galerie-maison d'édition Au Sans Pareil, Ernst fascine le groupe parisien par ses collages* singuliers, pratique qu'il continue, jusqu'à sa mort en 1976, en compagnon de route du surréalisme*.

Max Ernst, *The Punching Ball* ou *L'Immortalité de Buonarroti*, ou *Max Ernst et Caesar Buonarroti*, 1920, collage. Coll. part.

## ▨ **Freytag-Loringhoven (Elsa von)**

Allemande exilée à New York pendant la Première Guerre mondiale, Elsa von Freytag-Loringhoven (née Plötz) a reçu récemment une attention particulière au sein des études sur Dada, en dépit d'une affiliation assez ténue au mouvement. Poète et artiste (1874-1927), elle est l'une des figures gravitant autour de Dada à utiliser avec le plus de conscience ce qu'il n'est pas anachronique d'appeler des performances, tant la baronne ne sépare pas les actions d'une vie marquée par une lutte féministe et sa pratique artistique, jalonnée par des poèmes, des lettres et quelques rares objets* et peintures. Son existence est vue par la presse* new-yorkaise de l'époque comme l'incarnation même d'une certaine idée de Dada, d'une vie vécue sur le mode libertaire. En réalité, la baronne von Freytag-Loringhoven (son nom de femme mariée) est contrainte à une lutte politique de survie, subsistant grâce à quelques amis écrivains qui lui reconnaissent un vrai talent.

Influencée fortement par la personnalité de Marcel Duchamp*, comme par ses ready-made*, elle réalise dans son sillage des objets qu'elle pare ou au contraire dépouille de leurs oripeaux : *God* [*Dieu*] (1918) n'est-il pas un rudimentaire tuyau de plomberie fiché dans un socle en bois ? Photographiée par Morton Schamberg, mais très probablement réalisée par Elsa, l'œuvre rend un hommage indirect à l'urinoir duchampien, célèbre refusé de la Société des artistes indépendants de New York. Dans *New York Dada**, l'artiste apparaît dénudée, portant des bijoux, dans une mise en scène d'elle-même qui constitue son œuvre principale.

### ▨ Grosz (George)

Engagé volontaire, George Grosz (1893-1959) connaît l'expérience du front et un séjour en hôpital psychiatrique, avant d'être finalement réformé en mai 1917. Il adhère en 1918 à Berlin aux idées communistes du Novembergruppe, dans une ville marquée par le choc de la révolution russe de 1917. Comme John Heartfield*, il anglicise son nom (il est né Georg Gross), révolté par la propagande antibritannique et séduit par le mythe américain. Avec Wieland Herzfelde*, Grosz et Heartfield adhèrent au Parti communiste, créant la frange la plus idéologique du futur mouvement Dada à Berlin.

Grosz collabore alors de près à tout ce que la capitale allemande compte comme revues politisées – *Der Blutige Ernst*, qu'il coédite avec le critique Carl Einstein, ou la revue pacifiste *Die Aktion* de Franz Pfemfert vont préparer le terrain de Dada. Il rencontre Richard Huelsenbeck*. Avec Herzfelde et Franz Jung, Grosz collabore au journal *Die Pleite*, interdit, tout comme le numéro unique de *Jedermann sein eigner Fussball*, retiré du commerce après la vente de près de 8 000 exemplaires. Son attitude violemment antimilitariste, son combat en faveur d'un art prolétaire le conduisent à des démêlés avec la justice pour insulte envers l'armée impériale. Grosz publie des recueils de gravures qui déchaînent la censure* (*Gott mit uns*, 1920) et organise avec Hausmann* et Heartfield la Première Foire internationale Dada* à Berlin. Baptisé « Maréchal Propagandada », il participe, avec les autres membres du Club Dada* à Berlin, à la désacralisation de l'art par le biais d'un tampon faisant office de signature qu'il appose au bas de ses œuvres.

Nourri un temps par le futurisme (*Les Funérailles d'Oscar Panizza*, 1917), Grosz produit, en 1920, une série d'œuvres représentant des villes déshumanisées où évoluent des mannequins* sans visage qui témoignent de l'influence de l'art métaphysique de Giorgio De Chirico.

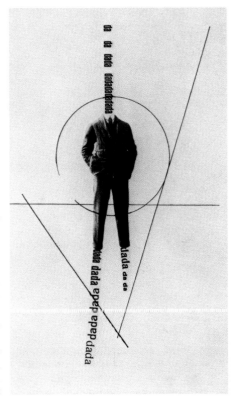

George Grosz, *Dadabild*, v. 1919. Zurich, Kunsthaus.

George Grosz,
*Les Funérailles
d'Oscar Panizza*,
1917, h/t.
Stuttgart,
Staatsgalerie.

## ▣ **Hausmann (Raoul)**

Formé par un père peintre académique, Raoul Hausmann (1886-1971) quitte en 1900 sa ville natale de Vienne pour Berlin, où il se rapproche des artistes expressionnistes de la galerie Der Sturm. Il rencontre les futurs Dadas Johannes Baader* (dès 1905), Hans Richter*, Arthur Segal, Emmy Hennings et Hannah Höch* – cette dernière devient pendant presque dix ans sa compagne en dadaïsme comme dans la vie. La vie intellectuelle se passe alors au Café des Westens, où la figure de Salomo Friedlander et sa théorie de «l'indifférence créatrice» l'influencent durablement. Proche de la revue de Franz Pfemfert, *Die Aktion*, Hausmann devient en 1918 le seul éditeur de *Die freie Strasse* de Franz Jung, deux revues qu'il décrit comme «base psychologique» ayant permis Dada à Berlin. Créateur de poèmes phonétiques de première importance, Hausmann affirme que «le caractère même de l'alphabet doit être regardé comme expression d'une attitude musicale». Il réalise des photomontages*, technique qu'il initie avec quelques autres dadaïstes à Berlin, illustrant la revue *Der Dada* dont il dirige les trois numéros entre 1918 et 1920. C'est l'époque du Club Dada* et d'une intense collaboration entre Hausmann et Baader notamment [voir Duos] ; les deux hommes glanent le matériau de leurs collages dans la rue, décollant les affiches* et détournant les codes urbains. L'idée de multiplicité et de nouveauté du matériau (il écrit un manifeste* sur ce sujet) entraîne Hausmann à expérimenter différentes activités.

Raoul Hausmann, *P (Dada)*, 1921, collage. Hambourg, Kunsthalle.

Dans les années 1950, l'ancien «Dadasophe» devient un historiographe essentiel à la redécouverte du mouvement (*Courrier Dada*, 1959) alors qu'exilé en France, à Limoges, il tente encore dans son vieil âge quelques pas de «sixty-one-step» qui ont fait sa renommée de danseur et de dandy du dadaïsme.

### ■ Heartfield (John)

Helmut Herzfelde est né en 1891, à Berlin, de parents activistes et militants socialistes. À l'annonce de la guerre, il simule une maladie mentale, est réformé, mais doit travailler à distribuer dans un quartier de Berlin un journal de propagande qu'il s'emploie en fait à jeter aux ordures. À l'encontre de l'esprit antibritannique de l'époque, en 1916, il anglicise son nom en John Heartfield. Son frère, Wieland Herzfelde*, déserte dès novembre 1914. Ensemble, ils collaborent tout d'abord à la revue *Die Neue Jugend*, aux côtés de George Grosz* qui publie des gravures satiriques (*Die Kleine Mappe*). En 1917, ce sont les éditions Malik qui les réunissent à nouveau. En 1918 les deux frères adhèrent au Parti communiste naissant (KPD), en même temps que Grosz et le dramaturge Erwin Piscator. Heartfield appelle à la grève générale après l'assassinat des révolutionnaires spartakistes Rosa Luxemburg et Karl Liebknecht.

Couverture de *Jedermann sein eigner Fussball* [*À chacun son football*], février 1919.

En 1919, un photomontage* (technique que Heartfield aurait imaginée avec Grosz), publié en couverture de l'éphémère revue satirique *Jedermann sein eigner Fussball*, fait la joie de la censure*. On y voit les membres du gouvernement Ebert, président de la république de Weimar, avec la légende suivante : « La compétition est ouverte. Lequel est le plus mignon ? »

Membre du Club Dada* de Berlin (il y est le « Dada-Monteur »), Heartfield organise la Première Foire internationale Dada* chez Otto Burchard, réalise de nombreuses maquettes pour des publications dadas chez Malik Verlag, à l'aide d'une typographie* visuellement agressive dans laquelle il excelle. Il reste actif tout au long de sa vie dans ce domaine (auquel il ajoute le théâtre avec Piscator), produisant quelques-uns de ses plus puissants montages dès la montée du péril nazi. Heartfield meurt en 1968.

### ■ Herzfelde (Wieland)

Personnalité au cœur de Dada à Berlin, Wieland Herzfelde (1896-1988) devient l'éditeur principal des publications du Club Dada*. Appartenant avec son frère John Heartfield* à la frange la plus politisée de Dada à Berlin (il prend part aux grèves et aux émeutes qui secouent le pays dès 1918), il adhère au Parti communiste après la fin de Dada dans la capitale allemande. Malgré les difficultés financières, il met sa maison d'édition au service des idées de l'extrême gauche, avant que celle-ci soit interdite dès la montée au pouvoir du national-socialisme.

Pour Georges Hugnet, écrivain surréaliste, auteur de plusieurs ouvrages sur Dada, Herzfelde, « mobilisé durant la guerre […] adopta bien avant l'armistice une attitude propre à exaspérer le patriotisme allemand et à ruiner le moral de l'arrière ». Il fonde en juillet 1916 la revue *Die Neue Jugend*, autre tremplin pour le futur mouvement Dada à Berlin, et crée l'année suivante sa maison d'édition clandestine, Der Malik Verlag (avec une adresse fictive pour tenter d'éviter les saisies de la police), qui ne cessera plus, dès lors, d'accompagner une très grande partie des publications dadas à Berlin. En 1919, Herzfelde collabore avec George Grosz* à la revue *Die Pleite* [*La Faillite*], qui publie des satires politiques de Raoul Hausmann*. Herzfelde soutient des ouvrages polémiques et contestataires, comme le premier recueil comportant, entre autres, des caricatures de George Grosz, *Die Kleine Mappe*, saisi dès sa publication, ou encore le portfolio du même artiste, *Gott mit uns*, publié en 1920, satire féroce de l'armée et de la nation allemandes. Il est l'éditeur du catalogue de la Première Foire internationale Dada* et en écrit le texte. Celui-ci, véritable manifeste* pour la fin d'un art bourgeois issu du romantisme, réclame un art de la machine* tourné vers le constructivisme russe, un art de masse entendu comme produit commercial et non plus comme objet unique de contemplation.

# ■ HISTOIRE

*« Dada est éternel et sa gloire
sera sans fin. »*

Richard Huelsenbeck,
*En avant Dada*, 1920

L'histoire de Dada a suscité un intérêt tout particulier de la part des dadaïstes eux-mêmes. Le journal de Hugo Ball*, publié *post mortem* par Emmy Hennings, constitue un document fondamental sur les premiers mois du mouvement et sur l'aventure du Cabaret Voltaire*. Mais c'est quand Dada semble s'essouffler ou s'achever que l'histoire du mouvement s'écrit.

Il en va ainsi des ouvrages de Richard Huelsenbeck* : le mouvement de Berlin est en effet presque totalement éteint, après l'apothéose de la Pre-mière Foire internationale

Couverture de *En avant dada, l'histoire du dadaïsme*, par Richard Huelsenbeck, Hanovre, 1920.

Dada* en 1920, quand il écrit *En avant Dada, une histoire du dadaïsme* et, la même année, *Dada vaincra! Bilan et histoire du dadaïsme*. Comptes rendus d'un acteur majeur du mouvement mais aussi grand polémiste, ces livres offrent autant un témoignage de pre-mière main qu'une compilation des controverses qui ont eu lieu au sein de Dada : la querelle qui entoure la découverte du mot « Dada », la description par Huelsenbeck de Tzara* en imposteur avide de publicité*, entiché d'abstraction* et menant le dadaïsme vers une fausse route. Ces écrits veulent établir Dada dans l'histoire, même si Huelsenbeck ironise : « Dada n'est pas […] une idée dans le sens conventionnel de "promotion culturelle" que lui donnent les volumes de compilations historiques. » À Paris, c'est Pierre de Massot, proche de Francis Picabia*, qui se charge d'écrire en 1922 une histoire litté-raire intitulée *De Mallarmé à 391**.

Après la fin de Dada, il s'écoule un assez long moment avant que son histoire soit écrite à nouveau, et de façon significative, par certains sur-réalistes ou d'anciens dadaïstes (Georges Hugnet, Hans Richter*) ou encore, aux États-Unis, par l'artiste Robert Motherwell, qui publie en 1951 une *Anthologie des peintres et poètes dadas*.

## ■ Höch (Hannah)

À Berlin, sa ville de naissance, Hannah Höch (1889-1978) étudie les arts décoratifs, en même temps que George Grosz*, auprès d'un peintre du Jugendstil, Emil Orlik. Elle vit la déclaration de guerre comme un trauma-tisme. En janvier 1916, elle intègre le plus grand groupe de presse de l'Allemagne d'alors. Tout en concevant des modèles de broderies pour des journaux féminins, Höch y trouve le matériau de ses photomontages*, issu des revues *BIZ* ou *Uhu*. Sa ren-

contre avec Raoul Haus-mann*, dont elle devient la compagne – elle le reste jusqu'en 1922 –, permet un travail à quatre mains (*Dada cordial*, 1921) et une influence réciproque lors de leur redé-couverte de la technique du photomontage en 1918.

Hannah Höch expose dans des manifestations dadas (à la galerie Neumann ou à la Pre-mière Foire internationale Dada*, malgré les réticences de John Heartfield* et de George Grosz), élaborant une œuvre politique et volontiers féministe dans ses implications. Son travail est sans doute plus tardivement reconnu que ceux d'autres Dadas; ainsi, Hans Richter*, dans son ouvrage intitulé *Dada, art et anti-art* (1964), salue en elle la « pourvoyeuse des repas », sans mentionner

une œuvre qui compte parmi les plus importantes dans le domaine du photomontage. La revue berlinoise *Der Dada* publie ses aquarelles abs-traites et la Première Foire internationale Dada expose ses poupées. Son amitié avec Kurt Schwitters* l'initie au constructivisme* et, bientôt, ses œuvres se colorent de cette tendance. Hannah Höch mène également de front des activités à la lisière entre arts plastiques et arts décoratifs, pour lesquelles, à l'image de Sophie Taeuber*, elle tente de bannir les hiérar-chies traditionnelles.

À la fin de sa vie, elle fait don à sa ville natale de sa collection unique de documents dadas, préservés pendant la Seconde Guerre mondiale, fournissant un matériau primordial à l'étude du mouvement.

Hannah Höch, *Dada-Rundschau* [*Panorama Dada*], 1919, collage, gouache, aquarelle sur carton. Berlin, Berlinische Galerie.

## ■ HOMMAGE
### Pour Dada,
### de la part de Dada

Les œuvres poétiques ou plastiques chez Dada fonctionnent souvent sur un mode que l'on pourrait qualifier de «retour à l'envoyeur», à la manière de cette main à l'index pointé utilisée en typographie* et reprise par nombre de dadaïstes. Qu'elles dédicacent un poème à un autre artiste, mentionnent le nom d'un ami au détour d'un collage* ou détournent l'œuvre d'un tiers, les œuvres dadas rendent fréquemment des hommages, qui résument bien un mouvement fait de singularités (dans les pratiques, les styles) se reconnaissant entre elles, au sein de la «comète» dada.

En 1920, Raoul Hausmann*, dans son collage *P (Dada)*, cite le poème de son ami Kurt Schwitters* en intégrant un petit écusson frappé des mots «Anna Blume». Les dédicaces sont aussi un procédé pour introduire le nom d'une personne dans l'œuvre même et non plus seulement dans ses marges. Hannah Höch*, dans le collage intitulé *Mes sentences domestiques* (1922), laisse ses amis Hans Arp*, Richard Huelsenbeck*, Walter Serner et Johannes Baader* écrire quelques lignes, formant de façon détournée un

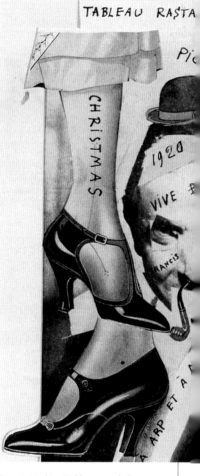

Francis Picabia, *Tableau rastadada*, v. 1920. Coll. part.

petit portrait* de groupe. Francis Picabia* rappelle ses liens avec les Dadas de Zurich et de Cologne dans un très rare photomontage* (intitulé *Tableau rastadada*, c'est un exemple unique chez Picabia de cette technique), où il salue Hans Arp et Max Ernst*.

À l'inverse, certains Dadas excellent aussi dans l'attaque, comme Picabia dans sa revue *391** ou Hausmann qui détourne une carte postale de la galerie expressionniste Der Sturm en couvrant le portrait photographique d'Adolf Knoblauch d'inscriptions injurieuses au contenu scatologique. Cette carte, envoyée à Tristan Tzara* en 1921, est bien le pendant des invectives parues dans *391*, notamment à l'encontre du cubisme, que Picabia qualifie de «disette des idées» se contentant d'avoir «cubé les tableaux des primitifs […] et cubé la merde»…

son journal à la date du 11 février 1916 : « Huelsenbeck est arrivé. Il plaide pour qu'on accentue le rythme (rythme nègre). Il aimerait tambouriner jusqu'à ce que la littérature disparaisse sous terre. » Il est l'auteur, avec Tristan Tzara* et Marcel Janco*, d'une poésie* phonétique et simultanée, « L'amiral cherche une maison à louer » (1916). Ses *Prières fantastiques* sont publiées par la jeune collection Dada, créée en parallèle de la galerie éponyme [voir Label]. Contestant l'emprise de Tzara sur le mouvement – il le voit comme un imposteur avide de publicité* –, Huelsenbeck part à Berlin au début de 1917 et propage Dada en revendiquant la paternité du nom. Il déclame sa *Première Allocution dada en Allemagne* à la galerie J.B. Neumann en février 1918 ; en mars, il rencontre Raoul Hausmann* et tous deux fondent le Club Dada*. Lors de la première « Soirée Dada » à la Sécession berlinoise, Huelsenbeck lit son manifeste*, le premier en langue allemande, contresigné par les Dadas de Zurich et de Berlin. Il publie des histoires* du mouvement dans des ouvrages où les attaques en règle sont de mise (*En avant Dada, une histoire du dadaïsme* et l'*Almanach Dada*\*, 1920).

Dès 1922, Huelsenbeck revient à une activité de neuropsychiatre, puis, devant la menace hitlérienne, s'exile en 1933 à New York. Il y exerce sa profession de psychiatre sous le nom de Charles R. Hulbeck, avant de se retirer en Suisse pour y finir ses jours.

### Huelsenbeck (Richard)

En 1914, Richard Huelsenbeck (1892-1974) est déclaré inapte à l'enrôlement militaire et commence des études de médecine (comme d'autres futurs Dadas, tels André Breton*, Louis Aragon, Théodore Fraenkel et Walter Serner). Ami de Hugo Ball* à Munich, Huelsenbeck arrive à Zurich peu après la création du Cabaret Voltaire*. Il s'y fait un nom par ses danses* « nègres » et ses poèmes, récités au son d'une grosse caisse. Ball écrit dans

# ■ HUMOUR

*« Si vous voulez mourir, continuez. »*
Déclaration anonyme, «Salon Dada», Paris, galerie Montaigne, juin 1921

P our Dada, le moyen le plus systématique de riposte aux valeurs bourgeoises et au climat de repli nationaliste passe par l'humour. La satire et la parodie créent une véritable force d'opposition. La controverse qui entoure la découverte du mot Dada (la paternité en est revendiquée par Richard Huelsenbeck* principalement) donne lieu, avec Hans Arp* par exemple, aux discours les plus caustiques : «Tzara* a trouvé le mot Dada le 8 février à 6 heures du soir; j'étais présent avec mes douze enfants lorsque Tzara a prononcé pour la première fois ce nom qui a déchaîné en nous un enthousiasme légitime. Cela se passait au *Café de la Terrasse* de Zurich et je portais une brioche dans la narine gauche. »

L'humour se fait plus grinçant à Berlin où la tension, due au climat politique d'après-guerre, culmine dans les révoltes spartakistes. La république

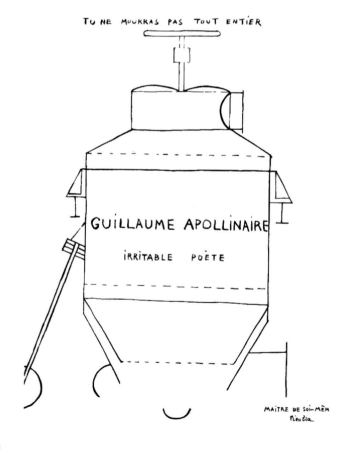

TU NE MOURRAS PAS TOUT ENTIER

GUILLAUME APOLLINAIRE

IRRITABLE POÈTE

MAÎTRE DE SOI-MÊM
Picabia

de Weimar et son gouvernement sont au cœur de la satire politique de George Grosz* ou de John Heartfield*. Les œuvres de Grosz de cette époque mettent en scène, sur un mode bouffon, une société corrompue où prostituées, politiciens, hommes de finance et bourgeois enrichis par la guerre se fréquentent sur fond de chaos urbain. Les victimes de cette satire, parfois clairement désignées (le président Friedrich Ebert ou son ministre de la Défense Gustav Noske, le plus souvent), sont tournées en ridicule dans des photomontages* ou en couverture de revues, entraînant généralement des interdictions de publication.

À Paris et à New York, l'humour de Dada joue sur un autre terrain : le cubisme, les spéculateurs d'art ou les institutions artistiques sont ainsi l'objet d'attaques fréquentes de Francis Picabia* dans la revue *391**. Les accusations de la presse* parisienne, qui voit en Dada un mouvement régressif et infantile, suscitent des réponses savoureuses de la part des Dadas, comme celle de Paul Dermée, fondateur de l'éphémère revue *Dada Z*, qui prescrit à un certain Dr Lenormand (auteur d'un article intitulé « Dadaïsme et psychologie ») « une cure de dadaïsme et privation complète de toute lecture scientifique inassimilable ».

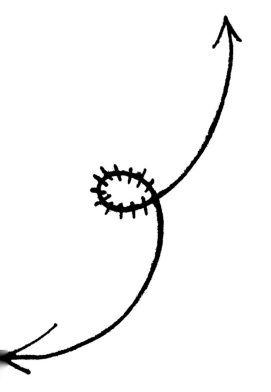

**FRANCIS PICABIA**

Francis Picabia, *Guillaume Apollinaire*, v. 1918, aquarelle et encre, et *Portrait de l'auteur par lui-même*, dessin.

## ◼ IDIOTIE

*« Mangez du chocolat, lavez votre cerveau. »*
Tristan Tzara, «Chanson dada», chantée au procès Barrès*

L'idiotie est un ressort bien connu des avant-gardes de la fin du
XIXe siècle. Véritable stratégie visant à irriter le public, l'idiotie est
poussée à son paroxysme chez Dada. Les premiers Dadas à Zurich ne
font pas usage de l'idiotie comme le feront les Parisiens, mais on
devine pourtant, derrière le tapage de certaines manifestations,
l'arme redoutable de l'idiotie dirigée contre un public qui, au fur et à
mesure que Dada prend de l'ampleur, devient de plus en plus
«informé» des provocations du mouvement.
La correspondance* entre Tristan Tzara* et André Breton*, précédant
l'arrivée du premier à Paris, évoque les «stratégies de décervelage» éla-
borées par les deux poètes dans une volonté commune de perturber
les codes intellectuels et sociaux. Au sein de Dada, c'est Tzara qui utilise l'idiotie le plus volontiers (expliquant ainsi partiellement le désin-
térêt progressif de Hugo Ball* et l'opposition de Richard Huelsenbeck* à Zurich, pour qui la «crétinisation du public» n'est pas de
mise). Francis Picabia* use également volontiers de ce ressort qu'il
considère comme indispensable au scandale*. Dérivée de la blague de
«potache» et
d'une certaine
tradition issue
des groupes de
la bohème du
XIXe siècle (les
Incohérents ou
les Fumistes, par
exemple), la ten-
dance à l'idiotie
est durcie par
Dada, jusqu'à
en faire l'un des
pivots stratégi-
ques du mouve-
ment.
Avec les manifes-
tations parisiennes
«idiotes» menées
par Tzara, la fin de
Dada se fait néan-
moins sentir.
L'idiotie réclamée
par le XIXe siècle
(«j'aimais les pein-
tures idiotes»,
écrit Arthur Rim-
baud) et radicali-
sée par Dada
s'éteint presque

Affiche *Excursions et visites Dada*,
par Tristan Tzara, 1921.

totalement après 1924. Sa reconquête est lancée par les «néoda-
daïsmes» et consorts [voir Postérité], telles les poétiques et inutiles
trouvailles d'un Robert Filliou au sein de Fluxus, pour qui l'idiotie
est un matériau de pensée et d'action.

### Janco (Marcel)

Né en Roumanie, Marcel Janco (1895-1984) est l'un des membres fondateurs du Cabaret Voltaire* aux côtés de Hugo Ball*, Hans Arp* et son compatriote Tristan Tzara*. Encore étudiant en architecture à Zurich, il prend une part active aux spectacles du Cabaret, œuvrant sur tous les fronts. Il exécute des reliefs présentés dans l'arrière-salle, des affiches* de soirées et fabrique également les costumes. Pour les danseurs et les récitants, Janco produit des masques en carton découpés et colorés qui, comme le raconte Ball, «exigeaient simplement de celui qui les portait qu'il se mît à danser une danse* tragique et absurde à la fois». Volontairement «primitifs» dans l'économie de moyens qui préside à leur réalisation, ces masques, écrit encore Ball, «servent à une danse d'exorcisme d'un âge chaotique, sur fond de conflit mondial».

Marcel Janco a laissé quelques peintures représentant l'atmosphère exaltée du Cabaret Voltaire. Maniant différents matériaux, il fabrique des reliefs en plâtre peints, probablement exposés à proximité de ceux en bois dus à Hans Arp. Ses bois gravés illustrent les premières publications dadas, comme l'unique numéro de *Cabaret Voltaire*, la revue

*Dada** qui prend sa suite, ou encore *La Première Aventure céleste de M. Antipyrine* (1916) par Tristan Tzara. Dès la création de la galerie Dada en 1917 [voir Label], le cheminement de Janco vers l'art abstrait est conforté par son adhésion en 1918 au groupe Das Neue Leben, à Bâle, qui prône une abstraction* rigoureuse, aux côtés de Hans Arp, de Sophie Taeuber* et d'autres participants de Dada à Zurich, tels Oscar Luthy ou Augusto Giacometti.

Marcel Janco,
*Portrait de Tzara*
(*Masque*), 1919,
carton et toile
de jute. Paris,
musée national
d'Art moderne-
Centre Georges-
Pompidou.

**La marque déposée Dada**

Vers avril 1916, l'adoption du mot Dada signe l'acte de naissance du mouvement, plus encore que l'épisode inaugural du Cabaret Voltaire* en février de la même année. Le mot sert ensuite à désigner simultanément un vaste panel d'activités : revue [voir Dada], galerie et collection littéraire portent ce nom, à l'image d'une marque déposée, et popularisé par une publicité* particulièrement efficace. Mais c'est aussi un « mot-sésame », littéralement martelé dans tous les tracts, manifestes*, ouvrages et autres revues signés dans les différentes capitales dadas. Devançant les stratégies les plus sophistiquées de la « réclame », Dada, sous l'impulsion de Tristan Tzara*, essaime partout notamment grâce à son nom. Repris même par certains chansonniers à Paris, le mot est bientôt synonyme de « n'importe quoi » en art (« Je suis blasé – Désabusé – je collectionne les peintures Dada – représentant deux doigts de pied sur une tranche d'ananas », d'un certain Georgius). Pour la presse*, Dada signifie une rébellion contre l'ordre établi, mais aussi un infantilisme revendiqué.

# DADA ne signifie RIEN

☞ Si l'on trouve futile et l'on ne perd

son temps pour un mot qui ne

signifie rien....

### TRISTAN TZARA.

Papillon dada, 1920. Paris, bibliothèque Jacques-Doucet.

Outre la dissidence Merz de Kurt Schwitters* (fonctionnant comme label de ses activités), il y a autour du mouvement Dada de petites constellations, éphémères, comme le label « Centrale W3 » du groupe de Cologne – « 3 » pour Arp*, Baargeld* et Ernst* et « W » pour West (ouest) –, annoncé lors de la seconde exposition Dada à Cologne en avril 1920.

Marcel Duchamp*, comprenant l'impact du mot et sa portée publicitaire, suggère à Tzara une proposition inattendue mais jamais réalisée : « Il y aurait un grand projet possible qui rapporterait vraisemblablement de l'argent – ce serait de faire frapper ou faire 4 lettres Dada en métal séparées et réunies par une petite chaîne [...]. Quelles que soient ses opinions, l'insigne protégerait contre certaines maladies, contre les ennuis multiples de la vie [...]. » En somme, un gri-gri dada.

### ■ Littérature (revue)

Avant que Dada atteigne Paris, l'ambition de la revue *Littérature* (menée par le trio André Breton\*, Philippe Soupault et Louis Aragon) à ses débuts, en mars 1919, est de témoigner de la relève de l'esprit nouveau cher à Guillaume Apollinaire. Sept numéros se succèdent, d'abord déposés chez Adrienne Monnier à la Maison des Amis du livre, qui trouve bientôt la revue trop irrévérencieuse, puis chez René Hilsum au Sans Pareil, le plus fidèle distributeur de Dada à Paris.

La participation de Tristan Tzara\* à la revue, initiée au numéro 5, change progressivement l'esprit de la publication, à laquelle s'ajoutent notamment les collaborations de Benjamin Péret, Paul Eluard et Georges Ribemont-Dessaignes\*. On y rend compte des activités parisiennes, tandis que celles de Berlin apparaissent par le biais d'un fragment de texte de Richard Huelsenbeck\*, intitulé « En avant Dada ».

Les temps forts de la revue sont, entre autres, la publication de *23 manifestes du mouvement Dada* (1920) ou le numéro spécial consacré au procès Barrès\*, en même temps, sa ligne directrice reflète déjà le surréalisme\* à venir (ainsi l'importance d'Isidore Ducasse, ou le classement des grands précurseurs cher à Breton…).

*Littérature* « nouvelle série » marque une volonté de renouveau : les couvertures par Man Ray\* ou Francis Picabia\* (qui en dessine beaucoup, jusqu'au dernier numéro de juin 1924) rompent avec l'austérité un peu terne de la maquette des débuts. La rupture est consommée quand un communiqué de Breton, diffusé dans un nombre considérable de journaux, annonce : « *Littérature*, qui dédaigne les causes gagnées, abandonne définitivement Dada et entend passer à un autre ordre de révélations. » Ce sont celles, bien sûr, du surréalisme.

Couverture de la revue *Littérature*, Paris, mai 1920. Paris, bibliothèque Jacques-Doucet.

2ᵉ Année : Nº 13    REVUE MENSUELLE    Mai 1920

# LITTÉRATURE

## VINGT-TROIS MANIFESTES DU MOUVEMENT DADA

PAR

Francis PICABIA, Louis ARAGON, André BRETON, Tristan TZARA, ARP, Paul ELUARD, Philippe SOUPAULT, SERNER, Paul DERMÉE, Georges RIBEMONT-DESSAIGNES, Céline ARNAULT et W. C. ARENSBERG.

## 13

DEUX FRANCS

Francis Picabia, *Très Rare Tableau sur la Terre*, 1915, feuilles d'or, d'argent et de plomb, collage de formes en bois sur carton peint. Venise, Fondation Peggy Guggenheim.

# ■ MACHINE

**D**ouble symbolique de l'homme, menaçant ou absurde, la machine synthétise beaucoup d'aspects de Dada, tant le thème est au cœur des réalisations plastiques et poétiques d'un mouvement dont il faut souligner l'usage décisif de l'image mécanique (photographie et cinéma*). À l'ère d'une guerre mécanisée qui tue au total près de neuf millions de soldats, la machine est un objet traumatique et fascinant, bien souvent tenu à distance chez Dada par l'ironie. C'est un peu des deux attitudes – fascination et ironie – qui cohabitent chez Francis Picabia* et Marcel Duchamp* à leur arrivée à New York, respectivement en 1913 et 1915. La ville de New York donne le « la » de la modernité et la machine pour modèle prépondérant.

Chez Picabia, la machine s'incarne dans un anthropomorphisme qui influence considérablement les artistes de Dada. Le poète Paul Haviland écrit en mai 1915 dans la revue d'Alfred Stieglitz, *291**, où Picabia publie ses portraits* mécanomorphes : « L'homme a fait la machine à son image. Elle a des membres qui agissent ; des poumons qui respirent ; un cœur qui bat ; un système nerveux que traverse l'électricité […]. » La machine est ce que Picabia nomme une « fille née sans mère » et donne à la voir par une série de portraits, hommage* acide à cette nouvelle culture de la technicisation. Le thème devient style, et c'est dans une veine très similaire à celle de Picabia et de Duchamp que Georges Ribemont-Dessaignes* et Jean Crotti travaillent dans ces années.

À Berlin, le ton est plus offensif et la représentation de la machine est souvent couplée à celle de l'individu dans la ville, pour stigmatiser l'aliénation de l'homme dans une société militarisée (la représentation de la prothèse est récurrente chez George Grosz* et Raoul Hausmann* notamment) et moquer la bourgeoisie de la république de Weimar. À ce titre, les photomontages* berlinois évoquent la machine conçue comme agression et déperdition d'âme : dans le photomontage *Tatline chez lui* (1920), Hausmann remplace le cerveau du portraituré par un esprit mécanique.

Si, depuis les élans futuristes, le thème parcourt toutes les années 1910, c'est probablement de Duchamp que vient son renouvellement, lorsqu'il forge une esthétique inédite de la machine : dès 1914, en reproduisant une *broyeuse de chocolat* aperçue dans une vitrine de magasin, Duchamp désigne un nouveau modèle pictural et conceptuel, et évacue irrémédiablement l'anecdote du sujet en peinture.

# MANIFESTE DADA 1918

Note ... Ce manifeste a été lu par Tristan Tzara le 23 juillet à la Meise Zurich, avec la même intention oppositionnelle — l e D a d a ï s m e . — Les journalistes nommèrent Dadaïsme ce que l'intelligence de rien signifie.

Pour lancer un manifeste, il faut vouloir A.B.C.
foudroyer contre 1. 2. 3.

s'énerver et aiguiser les ailes pour conquérir et ré-
pendre de petits et de grands a. b. c.

signer, crier, jurer, arranger la prose sous une forme
d'évidence absolue, irréfutable, prouver son nonplus-
ultra et soutenir que la nouveauté ressemble à la vie
comme la dernière apparition d'une cocotte prouve
l'essentiel de Dieu. Son existance fut déjà prouvée
par l'acordéon, le paysage et la parole douce. ■ Imposer
son A.B.C. est une chose naturelle, — donc regrettable.
Tout le monde le fait sous forme de cristalbluffmadone,
système monétaire, produit pharmaceutique, jambe nue
conviant au printemps ardent et stérile. L'amour de
la nouveauté est la croix sympathique, fait preuve d'un
jemenfoutisme naïf, signe sans cause, passager, positif.
Mais ce besoin est aussi vieilli. En documentant
l'art avec la suprême simplicité: nouveauté, on est
humain et vrai pour l'amusement, impulsif vibrant
pour crucifier l'ennui. Au carrefour des lumières,
alerte, attentif en guettant les années, dans la forêt.
J'écris un manifeste et je ne veux rien, je dis pourtant
certaines choses, et je suis par principe contre les
manifestes, comme je suis aussi contre les principes
(décilitres pour la valeur morale de toute phrase —
trop de commodité; l'aproximation fut inventée par
les impressionistes.) ■ J'écris ce manifeste pour montrer
qu'on peut faire les actions opposées ensemble, dans
une seule fraîche respiration; je suis contre l'action;
pour la continuelle contradiction pour l'affirmation
aussi, je ne suis ni pour ni contre et je n'explique car
je hais le bon-sens.
DADA — voilà un mot qui mène les idées à la chasse;
chaque bourgeois est un petit dramaturge, invente des
propos différents, au lieu de placer les personnages
convenables à la qualité de son intelligence, chrysalides
sur les chaises, cherche les causes ou les buts (suivant
la méthode psycho-analytique qu'il pratique) pour
cimenter son intrigue, histoire qui parle et se définit.
Chaque spectateur est un intriguant, s'il cherche à
expliquer un mot: (connaître!) Du refuge ouaté
de complications serpentines il laisse manipuler ses
instincts. De là les malheurs de la vie conjugale.

Expliquer: Amusement des ventrerouges aux moulins
de crânes vides.

### ☛ Dada ne signifie rien.

Si l'on trouve futile et l'on ne perd son temps pour
un mot qui ne signifie rien. . . .
La première pensée qui tourne dans ces têtes est
d'ordre bactérologique: trouver son origine étimolo-
gique, historique ou psychologique, au moins. On
apprend dans les journaux que les nègres Krou
appellent la queue d'une vache sainte: DADA. Le
cube et la mère dans une certaine contrée d'Italie:
DADA. Un cheval en bois, la nourrice, double
affirmation en russe et en roumain: DADA. Des
savants journalistes y voient un art pour les bébés,
d'autres saints jésusappellantlespetitsenfants du jour,
le retour à un primitivisme sec et bruyant, bruyant et
monotone. ■ On ne construit sur un mot la sensibilité;
toute construction converge à la perfection qui ennuie,
idée stagnante d'un marécage doré, relatif produit
humain. L'œuvre d'art ne doit pas être la beauté en
elle-même, car elle est morte; ni gaie ni triste, ni claire
ni obscure, réjouir ou maltraiter les individualités en

leur servant les gâteaux des auréoles saintes ou les
sueurs d'une course cambré à travers les atmosphè[res].
Une œuvre d'art n'est jamais belle, par decret, obj[ec-]
tivement, pour tous. La critique est donc inutile,
n'existe que subjectivement, pour chacun, et sans
moindre caractère de généralité. Croit-on avoir tro[uvé]
la base psychique commune à toute l'humani[té.]
L'essai de Jesus et la b.ble couvrent s[ous]
leurs ailes larges et bien-veillantes: la merde, les
bêtes, les journées. Comment veut-on ordonner le
chaos qui constitue cette infinie informe variati[on:]
l'homme? Le principe: „aime ton prochain" est [une]
hypocrisie. „Connais-toi" est une utopie, mais p[lus]
acceptable, contient la méchanceté aussi. Pas de p[itié.]
Il nous reste après le carnage, l'espoir d'une huma[nité]
purifiée.
Je parle toujours de moi puisque je ne veux convain[cre,]
je n'ai pas le droit d'entraîner d'autres dans m[on]
fleuve, je n'oblige personne à me suivre et tou[t le]
monde fait son art à sa façon, s'il connaît la [joie]
montant en flèches vers les couches astrales, ou c[elle]
qui descend dans les mines aux fleurs de cada[vres]
et de spasmes fertiles. Stalactytes: les cher[cher]
partout, dans les crèches agrandis par la doul[eur,]
les yeux blancs comme les lièvres des anges. ■
Ainsi naquit DADA*) d'un besoin d'indépendance,
méfiance envers la communauté. Ceux qui appartien[nent]
à nous gardent leur liberté. Nous ne reconnaiss[ons]
aucune théorie. Nous avons assez des acadé[mies]
cubistes et futuristes: laboratoires d'idées forme[lles.]
Fait-on l'art pour gagner l'argent et caresser les ge[ntils]
bourgeois? Les rimes sonnent l'assonance des monn[aies]
et l'inflexion glisse le long de la ligne du ventre [en]
profil. Tous les groupements d'artistes ont abou[ti à]
cette langue en chevauchant sur de diverses comè[tes.]
La porte ouverte aux possibilités de se vautrer d[ans]
les coussins et la nourriture.
Ici nous jettons l'ancre, dans la terre grasse. Ici [nous]
avons le droit de proclamer, car nous avons co[nnu]
les frissons et l'éveil. Revenants ivres d'énergie [nous]
enfonçons le triton dans la chair insoucieuse. N[ous]
sommes ruissellements de malédictions en abonda[nce]
tropique de végétations vertigineuses, gomme et p[luie]
est notre sueur, nous saignons et brûlons la soif, n[otre]
sang est vigueur.
Le cubisme naquit de la simple façon de rega[rder]
l'objet: Cézanne peignait une tasse 20 centim[ètres]
plus bas que ses yeux, les cubistes la regard[ent]
d'en haut; d'autres compliquent l'apparence en fai[sant]
une section perpendiculaire et en l'arrangeant sage[ment]
à côté. (Je n'oublie pourtant les créateurs,
les grandes raisons et la matière qu'ils rend[irent]
définitive). ■ Le futuriste voit la même tasse en m[ou-]
vement, succession d'objets un à côté de l'autr[e et]
ajoute malicieusement quelques lignes - forces.
n'empêche que la toile soit une bonne ou mauv[aise]
peinture destinée au placement des capitaux intellect[uels.]
Le peintre nouveau crée un monde, dont les élém[ents]
sont aussi les moyens, une œuvre sobre et dé[finie]
sans argument. L'artiste nouveau proteste: il ne [peint]
plus /reproduction symbolique et illusionniste/
crée directement en pierre, bois, fer, étain, des [rocs,]
des organismeslocomotives pouvant être tournés de
les côtés par le vent limpide de la sensation mo[men-]
tanée. ■ Toute œuvre picturale ou plastique est inu[tile;]

*) en 1916 dans le *CABARET VOLTAIRE* à Zurich.

78

# ■ MANIFESTE

Conformément à la règle d'autocontradiction propre à Dada, Tristan Tzara* écrit dans son *Manifeste Dada 1918,* lu publiquement en juillet 1918 : « J'écris un manifeste et je ne veux rien, je dis pourtant certaines choses et je suis par principe contre les manifestes, comme je suis aussi contre les principes. » Ce manifeste, publié dans le numéro 3 de la revue *Dada*\*, a un impact décisif sur les esprits, notamment sur le groupe de jeunes littérateurs réunis autour d'André Breton*. Tzara n'en est pas à son premier essai, puisque *Le Manifeste de M. Antipyrine* (du nom de l'aspirine que consomme Tzara pour soigner de violents maux de tête) a dès 1916 assis sa position de meneur au sein du mouvement. C'est cette énergie négative, palpable à la lecture de ces textes, qui permet aussi à Tzara de se démarquer de l'ascendant de Hugo Ball*, dont le désengagement progressif de Dada est perceptible. Ball note dans son *Journal* à la date du 6 août 1916 : « Mon manifeste, lu lors de la première "Soirée Dada" publique (au Zunfthaus Waag), fut un dédit à peine voilé à l'adresse des amis. Ils l'ont aussi ressenti comme tel. A-t-on jamais vu que le premier manifeste d'une entreprise nouvellement fondée ait désavoué cette entreprise elle-même, devant ses adhérents ? »

À Berlin, le manifeste est aussi une forme privilégiée par Dada. Déclamé, le manifeste dada possède une dimension théâtrale qui prime sur son devenir d'objet imprimé. En 1918, Richard Huelsenbeck* lit le premier manifeste dada en langue allemande, cosigné par de nombreuses personnalités de Berlin (Walter Mehring, Franz Jung), de Zurich (Tristan Tzara, Marcel Janco*) et de différentes capitales (les Italiens Gino Cantarelli, Enrico Prampolini, le Français Pierre Albert-Birot). En 1920, ce texte est publié dans l'*Almanach Dada*\*, seul vestige d'un projet d'ouvrage jamais abouti, appelé *Dadaco*, qui devait réunir des contributions de « tous les Dadas du monde ».

Richard Huelsenbeck signe avec Raoul Hausmann* et Jefim Golyscheff les « treize points du dadaïsme », réponse ironique aux quatorze points du président américain Thomas W. Wilson instaurant la paix de l'après-guerre. Invective voulue provocante, le manifeste perpétue une forme d'adresse issue d'une longue tradition de l'avant-garde, depuis les années romantiques jusqu'à l'exemple futuriste.

Tristan Tzara, *Manifeste Dada 1918*, paru dans *Dada 3*, décembre 1918.
Paris, bibliothèque Jacques-Doucet.

## ■ MANNEQUIN

Opposée à un rendu psychologique dans le portrait\*, la figuration humaine chez Dada prend la voie de l'abstraction\* (Richter\*, Arp\*), de l'équivalence mécanique (Picabia\*), de la poupée et de la marionnette (Höch\* et Taeuber\*), ou encore, grâce à l'influence marquante du peintre italien Giorgio De Chirico et des peintres métaphysiques, du mannequin. Découvert dans la revue *Valori Plastici*, le travail de Giorgio De Chirico est un temps le dénominateur commun de Dada dans plusieurs

George Grosz, *Automates républicains*, 1920,
gouache et encre de Chine sur carton.
New York, Metropolitan Museum of Art.

villes ; il est publié dans les revues et les ouvrages dadas de Zurich et de Berlin (*Cabaret Voltaire*\* et *Almanach Dada*\*). Max Ernst\*, à Cologne, montre son enthousiasme (et le communique aux artistes Heinrich Hoerle et Franz Seiwert) en rendant un hommage\* à De Chirico dans la série de lithographies *Fiat modes, pereat ars* (1919), où il reprend le modèle perspectif et les mannequins caractéristiques de l'artiste.

L'engouement pour l'esthétique métaphysique traduit aussi un écho des temps troublés : pour George Grosz\* (qui y voit une possibilité de libération de l'homme par le recours à une figure anonyme) et Raoul Hausmann\*, la thématique de la prothèse offre un contrepoint satirique face à la volonté de modernisation de l'Allemagne de Weimar, jugée responsable d'un conflit qui a ramené du front les « gueules cassées ». Otto Dix en rend compte dans son grinçant *Apte à 45 %*, un tableau exposé à la Première Foire internationale Dada\*, qui montre des invalides de guerre. Chez Hausmann, une marotte de coiffeur où vient se greffer un assemblage\* de fortune (porte-monnaie, mètre à mesurer, dé à coudre) stigmatise une société bouleversée dans ses moyens de production et une mécanisation qui a fait de cette guerre la plus meurtrière jusque-là.

### Man Ray

« Quand tout ce qu'on nomme art fut bien couvert de rhumatismes, le photographe alluma les milliers de bougies de sa lampe, et le papier sensible absorba par degrés le noir découpé par quelques objets usuels. » C'est ainsi que Tristan Tzara* décrit le procédé des rayographies de Man Ray, enthousiasmé par la trouvaille du photographe.

Man Ray (1890-1976), de son vrai nom Emmanuel Radnitzky, fréquente la galerie *291*\* d'Alfred Stieglitz à New York et se lie en 1913 avec Marcel Duchamp*, formant dès lors un duo\* célèbre de Dada. Cette rencontre décisive est en partie à l'origine de l'emploi de moyens mécaniques : sa peinture à l'aérographe (au pistolet) rompt avec les moyens d'expression traditionnels, en contribuant à « l'art sec » prôné par Duchamp. C'est dans une même volonté d'expérimentation que, en tant que photographe, Man Ray produit les rayographies,

photogrammes d'objets* exécutés sans appareil mais dans la chambre noire (à la différence de Christian Schad*), par l'action de la lumière frappant le papier sensible.

Actif auprès de Dada à Paris dès 1921, après l'éphémère existence de Dada à New York [voir New York Dada], Man Ray y devient une figure pivot, tant pour ses œuvres (photographies, objets ready-made*) que pour son témoignage des événements et des protagonistes du mouvement à Paris. Photographe portraitiste du groupe à Paris, il s'impose aussi à New York comme le partenaire essentiel des « performances » de Duchamp en femme (Rrose Sélavy*) ou tonsuré d'une étoile (*Tonsure*, 1921), qu'il photographie et met en scène. Tenté par le médium cinéma*, Man Ray réalise des films, et projette en 1923, à la soirée houleuse du « Cœur à barbe » organisée par Tristan Tzara*, *Retour à la raison*, une « rayographie filmée ». En 1924, il poursuit sa route artistique avec les surréalistes.

Man Ray, *Le Groupe dada à Paris*, 1922. En haut : Paul Chadourne, Tristan Tzara, Philippe Soupault, Serge Charchoune. En bas : Man Ray (portrait), Paul Eluard, Jacques Rigaut, Mick Soupault, Georges Ribemont-Dessaignes. Paris, musée national d'Art moderne-Centre Georges-Pompidou.

### ■ Merzbau

Ayant échoué à rejoindre les rangs de Dada, sur le refus et l'hostilité de Richard Huelsenbeck* et de George Grosz*, Kurt Schwitters* crée le label* Merz en juillet 1919. Qualifiant toutes ses activités plastiques et poétiques, le mot est aussi utilisé comme préfixe pour rendre compte de l'insertion de Merz dans toutes ses entreprises. Ainsi, le projet autobiographique du Merzbau, véritable environnement architectural commencé en 1920, cette « grande colonne » également appelée « Cathédrale de la misère érotique (CME) », exprime le plus complètement l'ambition totalisante de Merz.

Reconstruit à plusieurs reprises, au gré des déplacements de Schwitters et de son exil en Angleterre, plusieurs fois détruit, le Merzbau, comme œuvre *in process*, est resté inachevé, à l'image d'une autre œuvre capitale du siècle, *Le Grand Verre* (1915-1923) de Marcel Duchamp*. Calqué sur le modèle de la grotte, pensé en tant qu'architecture, le Merzbau « pousse sur le principe d'une métropole ». Schwitters y réintroduit l'objet* comme il le fait dans ses collages* : « Ainsi, trouvant un objet quelconque, je sais qu'il va avec la CME, je l'emporte, je

Kurt Schwitters, *Merzbau*, construction commencée en 1923, aujourd'hui détruite. Reconstitution. Hanovre, Kunstmuseum.

le colle, je le peins en respectant le rythme de l'ensemble, et un jour il s'avère qu'il faut prendre une autre direction qui passe en partie ou entièrement sur le cadavre de l'objet. » Ce procédé de recouvrement se retrouve dans les collages et assemblages* de l'artiste, qui confie à ses amis des parcelles de sa colonne, ou bien rend hommage* à des créateurs du passé : « […] il y a […] la grotte goethérienne avec une jambe de Goethe en guise de relique […], le bordel avec une dame à trois jambes conçue par Hannah Höch*».
Ce condensé de la biographie de Schwitters, toujours en expansion, est, par son contenu morbide, érotique et mémoriel, une œuvre complexe qui n'a peut-être qu'un équivalent chez Dada : l'éphémère *Grand Plasto-dio-dada-drama* (1920) de Johannes Baader*, immédiatement détruit après la fermeture de la Première Foire internationale Dada*.

■ **New York Dada (revue)**
À son arrivée à New York en 1915, Marcel Duchamp* s'enthousiasme pour une ville qu'il voit comme « une œuvre d'art achevée », et qui devient un pôle d'attraction majeur pour lui-même et un autre exilé momentané, Francis Picabia*. En retour, ceux-ci auront un ascendant considérable sur les artistes américains.
Pendant la Première Guerre mondiale, New York attire un noyau d'artistes groupés autour d'Alfred Stieglitz (la galerie 291), évoluant grâce au mécénat éclairé de Walter Arensberg (Morton Schamberg, John Covert, Joseph Stella pour les Américains, Albert Gleizes, Jean Crotti, Edgar Varèse parmi les Français). En 1921, alors que d'éphémères revues (*The Ridgefield Gazook, The Blind Man*) ont préparé le terrain d'une certaine geste dadaïste, Marcel Duchamp et Man Ray*, informés et sympathisants du phénomène Dada, demandent à Tristan Tzara* l'autorisation de créer une branche à New York.
La réponse de Tzara déclenche la parution de l'unique numéro de la revue *New York Dada*, rare activité de Duchamp à être directement placée sous le signe de Dada. Imprimée sur une seule face, la couverture est composée par Duchamp : la typographie*, originale (les mots « New York Dada avril 1921 » sont répétés en rouge sur toute la surface), et une reproduction du ready-made* de Rrose Sélavy*, *Belle Haleine, Eau de voilette*, exécuté en collaboration avec Man Ray, en font un très bel exemple de revue dada. La mise en page de Man Ray juxtapose différents documents : la lettre « fondatrice » de Man Ray et Duchamp, la réponse de Tzara, des portraits* et des poèmes d'Elsa von Freytag-Loringhoven*, un éditorial « ready-made » pris d'une autre revue et signé « Dada-taxi, Limited », une publicité* pour une exposition des œuvres de Kurt Schwitters* à la Société Anonyme, la précoce et prestigieuse collection d'art moderne fondée par Katherine Dreier, Marcel Duchamp et Man Ray dans un New York radicalement ouvert à l'art du temps.

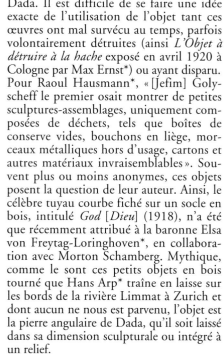

### ■ OBJET

L'abandon des techniques traditionnelles de la sculpture par Dada et l'intérêt pour le réel ont pour conséquence la valorisation de matériaux non nobles, issus de la ville et de l'industrialisation. Ainsi, les rebuts de Kurt Schwitters\*, les objets ready-made\* de Marcel Duchamp\* et plus généralement les assemblages\* hétéroclites font de l'objet le cœur de la pratique artistique de Dada. Il est difficile de se faire une idée exacte de l'utilisation de l'objet tant ces œuvres ont mal survécu au temps, parfois volontairement détruites (ainsi *L'Objet à détruire à la hache* exposé en avril 1920 à Cologne par Max Ernst\*) ou ayant disparu. Pour Raoul Hausmann\*, « [Jefim] Golyscheff le premier osait montrer de petites sculptures-assemblages, uniquement composées de déchets, tels que boîtes de conserve vides, bouchons en liège, morceaux métalliques hors d'usage, cartons et autres matériaux invraisemblables ». Souvent plus ou moins anonymes, ces objets posent la question de leur auteur. Ainsi, le célèbre tuyau courbe fiché sur un socle en bois, intitulé *God* [*Dieu*] (1918), n'a été que récemment attribué à la baronne Elsa von Freytag-Loringhoven\*, en collaboration avec Morton Schamberg. Mythique, comme le sont ces petits objets en bois tourné que Hans Arp\* traîne en laisse sur les bords de la rivière Limmat à Zurich et dont aucun ne nous est parvenu, l'objet est la pierre angulaire de Dada, qu'il soit laissé dans sa dimension sculpturale ou intégré à un relief.

Hannah Höch,
*Moulin Dada*, v. 1920.
Zurich, Kunsthaus.

Mais c'est l'objet dans toute sa gloire dérisoire qu'il faut retenir : ainsi, pour le philosophe Walter Benjamin, « les dadaïstes attachaient beaucoup moins de prix à l'utilisation marchande de leurs œuvres qu'au fait qu'on eût pu en faire des objets de contemplation. Un de leurs moyens les plus usuels pour atteindre à ce but fut l'avilissement systématique de la matière même de leurs œuvres ».

### ■ Pays-Bas

Dada se propage aux Pays-Bas sous l'action conjointe de deux personnalités singulières : Theo Van Doesburg, artiste néoplasticien plus connu comme fondateur du mouvement De Stijl, et Kurt Schwitters\*, rejeté par Richard Huelsenbeck\* à Berlin, qui fonde la dissidence Merz.

En parallèle de ce duo\*, Paul Citroën, qui représente les

Pays-Bas à la Première Foire internationale Dada*, propage le dadaïsme berlinois dans ce pays. En 1918, au côté d'Erwin Blumenfeld, il met en place une « Centrale Dada » aux Pays-Bas.

Theo Van Doesburg agit au sein de Dada sous le pseudonyme de I.K. Bonset, probablement dérivé de « Ik ben sot » (« je suis sot »). En 1921, il prend contact avec Tristan Tzara*, Raoul Hausmann*, Hans Richter* et Viking Eggeling. En janvier 1922, il lance la revue dada *Mecano*, à laquelle participent nombre de dadaïstes de Paris (Ribemont-Dessaignes*, Picabia*, Benjamin Péret ou Tzara), de Zurich (Arp*) et de Berlin (Hausmann). L'histoire de Dada aux Pays-Bas culmine dans une énergique « Tournée Dada » en 1923, menée par Theo Van Doesburg, son épouse Nelly (qui accompagne les performances et les lectures en jouant au piano un répertoire d'avant-garde comme Erik Satie ou Darius Milhaud), Vilmos Huszar et Kurt Schwitters. Expositions et performances se succèdent sur un modèle proche des manifestations dadas à Berlin ou Paris, connaissant un succès public assez considérable, aidé en cela par des méthodes publicitaires qui n'ont rien à envier aux autres foyers dadas, ainsi qu'en témoigne le petit pamphlet de Van Doesburg intitulé « Wat is Dada », vendu pendant l'entracte des spectacles.

En janvier 1923, Schwitters lance sa revue *Merz*, dont le premier numéro est consacré à la « Tournée Dada », et affirme ses liens au construc tivisme* de Van Doesburg, tandis que le numéro 4-5 de *Mecano* offre un regard sur l'aventure Dada aux Pays-Bas, qualifié par Schwitters de « dépassement de Dada ».

Inhalt: DADA IN HOLLAND. KOK: GEDICHT. BONSET: GEDICHT; AAN ANNA BLOEME.
PICABIA: ZEICHNUNG. HANNAH HÖCH: ZEICHNUNG; WEISSLACKIERTE TÜTE

MERZ
1
DA
DA X DA
DA
HOLLAND
DADA

JANUAR 1923
HERAUSGEBER: KURT SCHWITTERS
HANNOVER · WALDHAUSENSTRASSE 5"

Couverture du magazine *Merz*, édité par Kurt Schwitters, 1923.
Coll. part.

# ■ PHOTOMONTAGE

Au cœur de Dada, conçue comme un « coup de poing » visuel et une stratégie de quasi-propagande, la technique du photomontage marque durablement le mouvement et s'implante aux côtés du collage* (dont il est en quelque sorte le parent « impur »). Avec Dada, c'est surtout à Berlin que le photomontage apparaît, publié dans les revues (*Der Dada*), diffusé en tract, exposé, tels ceux de la Première Foire internationale Dada* en 1921. Comme souvent dans les balbutiements d'une pratique artistique, une histoire plus ou moins mythique entoure sa découverte très disputée. Dès la fin du XIXᵉ siècle pourtant, c'est un moyen trouvé par les photographes de juxtaposer des portraits, dans ce qui est conçu largement comme un amusement photographique.

La technique du photomontage est utilisée par Raoul Hausmann*, qui en est certainement l'un de ses plus illustres manipulateurs (nommé « professeur photomonteur » dans un collage-hommage* de George Grosz* paru dans le numéro 3 de la revue *Der Dada*), mais aussi par George Grosz, John Heartfield*, Johannes Baader* ou Hannah Höch*. Le séjour de Höch et de Hausmann au bord de la mer Baltique, dans le petit village de Heidebrink, leur révèle cette technique : un portrait « memento militaire » décore les chambres et Hausmann perçoit ce que l'association de matériaux et de sujets composites peut avoir comme potentiel plastique. Pour Hausmann, le choix de « ce terme était dû à notre aversion à jouer à l'artiste et, nous considérant comme des ingénieurs (de là notre préférence pour les vêtements de travail, les "overalls"), nous prétendîmes construire, "monter" nos travaux ». Heartfield (« Dada-monteur ») et Grosz revendiquent, contre Hausmann et Höch, la paternité de cette redécouverte et auraient baptisé le procédé du nom qu'on lui connaît aujourd'hui.

Outil d'une véritable nouvelle manière de voir, le photomontage utilise un « matériel préfabriqué » (Hausmann), que les Dadas assemblent à la façon de pièces mécaniques automobiles, faisant écho à l'emploi « ready-made* » des objets* dadas. Cette esthétique de l'éclatement et de l'hétérogène reproduit le trauma de la guerre, en un effet miroir.

Hannah Höch, *Dada-Ernst*, 1920-1921, photomontage.

### ▉ Picabia (Francis)

La figure de Francis Picabia (1879-1953) résume Dada autant qu'elle le dépasse : présent sur de nombreux fronts de l'art, Picabia a quarante-sept ans lors de la fondation de Dada en 1916, et déjà une carrière de peintre impressionniste couronnée par des succès aux Salons. Au moment de la Première Guerre mondiale, il profite d'un statut social suffisamment confortable pour partir rejoindre à New York son ami Marcel Duchamp* – époque que Picabia qualifie comme la seule «vraiment Dada». Il y développe un «art de la machine*» qui fonctionne en écho aux recherches de Duchamp, combinant des motifs ready-made* empruntés aux catalogues de mécanique et aux revues scientifiques. Ce style dit *mécanomorphe* caractérise la majorité des œuvres de Picabia entre 1915 et 1921, et incarne rapidement dans la presse* la modernité la plus débridée.

Maître dans l'orchestration de scandales* divers, Picabia incarne avec un panache singulier la volonté de Dada d'être une attitude*. Désinvolte face à la guerre («Je m'y suis emmerdé», dira-t-il après coup), vilipendant le marché de l'art et l'appât du gain des artistes dans ses très nombreux articles de presse, il se contredit aussi à plaisir pour se rapprocher ou, comme l'annonce la revue *Comœdia*, «se séparer des Dadas». Sa revue *391** compte parmi les plus importantes livraisons dadas. Ses œuvres provocantes et radicales sont des jalons essentiels du mouvement : une simple tache d'encre est intitulée *La Sainte Vierge* (1920), la signature de l'artiste est exposée telle quelle et signée une seconde fois, un cadre vide agrémenté d'un petit carton et d'une ficelle est représenté suspendu (*Tabac-rat*, 1921).

Véritable passeur de Dada, Picabia est seul à être présent (à des degrés divers) à New York, à Barcelone, à Zurich, à Berlin et à Paris. Ainsi, en 1918, sa rencontre avec les Zurichois Tristan Tzara* et Hans Arp*, séduits par son iconoclasme et sa poésie*, lors d'un séjour de trois semaines dans la ville des origines de Dada, se révèle décisive pour la suite du mouvement et la venue de Tzara à Paris.

> «*Nous pourrons peut-être faire de belles choses, puisque j'ai une envie stellaire et folle d'assassiner la beauté – l'ancienne naturellement – avec clairons et étendards ou près du feu tranquillement.*»
>
> Tristan Tzara, lettre à Francis Picabia, 8 janvier 1919.

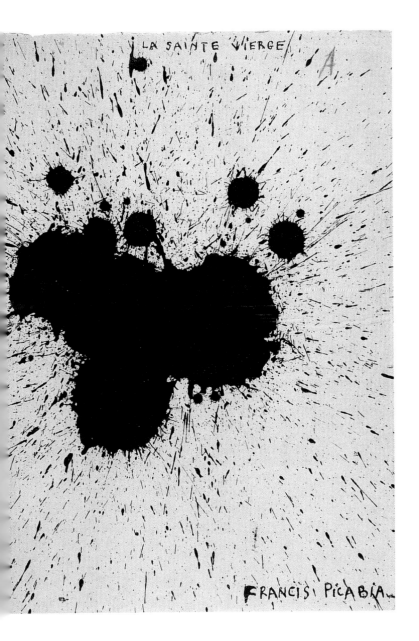

Francis Picabia,
*La Sainte Vierge*,
dessin extrait
de *391*, 1920.
Paris,
bibliothèque
Jacques-Doucet.

# ■ POÉSIE

*« blago bung blago bung*
*bosso fataka*
*ü üü ü »*
Hugo Ball*, *Karawane*, 1916

Dada imprime une marque distinctive à l'héritage futuriste des « mots en liberté » de Filippo Tommaso Marinetti, son fondateur. Presque tous les dadaïstes développent une expression poétique : poésie phonétique (en particulier par le poème-affiche*), poésie concrète, poème simultané, poèmes « nègres » de Richard Huelsenbeck*. À Paris, la pratique du vers libre correspond aux aspirations d'André Breton*, notamment, qui reçoit encore l'influence conjuguée du symbolisme de Stéphane Mallarmé et de la poésie de Guillaume Apollinaire, pour qui « les vieilles langues sont tellement près de mourir ». À Zurich, au Cabaret Voltaire*, le poème simultané intitulé « L'amiral cherche une maison à louer », lu en trois langues par Marcel Janco*, Tristan Tzara* et Richard Huelsenbeck, reconnaît la dette envers l'ouvrage d'Henri-Martin Barzun, *Voix, Rythmes et Chants simultanés* (1916).

Hugo Ball relate dans son *Journal* sa première lecture de poèmes « abstraits », vêtu d'une carapace de carton qui entrave jusqu'au moindre mouvement et d'où émergent ce qu'il nomme « les épaules de mots, des jambes, des bras, des mains de mots », ajoutant que « Dada est le cœur des mots ». Dans son manifeste* lu à la première « Soirée Dada », le 14 juillet 1916, Ball expose des idées essentielles : « Je ne veux pas de mots qui ont été inventés par d'autres, tous les mots ont été inventés par les autres. Je veux ma propre bêtise et en plus des voyelles et des consonnes qui lui correspondent. » Quand Ball traque le mot inconnu, Raoul Hausmann* s'intéresse à la lettre comme entité visuelle et sonore, mêlant la typographie* et la voix. Ses poèmes-affiches (tels *Offeahbdc* ou *Fmsbw*, de 1918) expriment de façon radicale cette double expérimentation. Kurt Schwitters* reprend le motif *Fmsbwtözäu* de Hausmann et le développe dans sa grande œuvre poético-vocale, *L'Ursonate* (achevée en 1932).

L'aléatoire*, enfin, est une condition du poème souvent énoncée au sujet de Dada, en raison de la célèbre injonction de Tzara : « Pour faire un poème dadaïste, prenez un journal, prenez des ciseaux [...]. » Une boutade pourtant trop souvent vue comme le résumé d'une « méthode » dada, quand le poème prend au contraire les formes les plus variées, de la décomposition radicale du mot jusqu'au legs de la poésie symboliste chez les Dadas parisiens.

Raoul Hausmann, *Poème-affiche*, 1918.
Paris, musée national d'Art moderne-Centre Georges-Pompidou.

Hugo Ball récitant un poème phonétique au Cabaret Voltaire, 1916.

# fmsbwtözäu
# pggiv-..?mü

Hannah Höch, *Tranche avec un couteau de cuisine dans la bedaine de la république de Weimar*, 1919, photomontage. Berlin, Nationalgalerie.

## ■ Politique

Richard Huelsenbeck* écrit dans ses *Memoirs of a Dada Drummer* (parus à New York en 1974), à propos de l'apolitisme supposé de Zurich : « Rester tranquillement assis en Suisse est bien différent que de se coucher sur un volcan comme nous l'avons fait en Allemagne. » Les remarques de Huelsenbeck, bien qu'acides et souvent partisanes, révèlent partiellement la vérité. Le climat de Zurich, ville neutre pendant la Première Guerre mondiale, et celui de Berlin, qui connaît en 1918 des soulèvements populaires, des grèves générales et une véritable révolution menée par le mouvement spartakiste, sont en effet éloignés. Pourtant, Hugo Ball* a aiguisé une conscience politique nourrie de sa connaissance des mouvements anarchistes, mais c'est pour choisir une autre voie, après Dada, calquée sur le catholicisme de l'Église romaine. Le 7 juin 1917, il note curieusement dans son *Journal* au sujet des premiers troubles à Saint-Pétersbourg qui mèneront à la révolution russe : « Le dadaïsme est-il en tant que geste la contrepartie du bolchevisme ? »

À Berlin, le chaos qui règne politiquement se répercute sur Dada. Et celui-ci s'empare, comme dans une *catharsis*, du choc des événements pour le traduire par une esthétique « du trauma », visible dans les manifestes* au contenu revendicatif, ainsi que dans les photomontages* aux allusions politiques limpides. Parmi les Berlinois, Franz Jung,

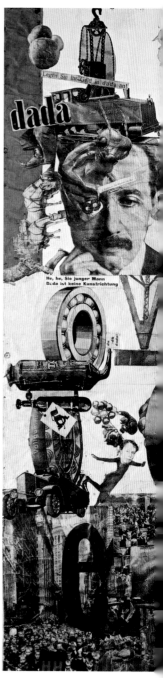

George Grosz* et les frères Herzfelde* adhèrent au Parti communiste, le KPD. Indifférence chez Marcel Duchamp* et Francis Picabia* (qui affirmera s'être

« emmerdé » pendant la guerre), le rapport au politique chez les Dadas parisiens est surtout celui d'un évitement conscient. Georges Ribemont-Dessaignes* n'est d'ailleurs pas le dernier à faire de l'humour* sur ce désengagement quand il propose une « machine* à politique » qui « empêcherait la sénilité » du gouvernement.

## ◾ Portrait

Le portrait est un genre en faveur chez Dada pour la possibilité de licence avec la tradition qu'il autorise. Malmené, le portraituré est prétexte à tous les outrages, comme le montre le « portrait-charge » des Berlinois George Grosz* et John Heartfield*. La société de la république de Weimar, les hommes politiques passés au vitriol renouvellent le genre de la caricature.

À New York puis à Paris, Francis Picabia* fait un usage immodéré du por-trait, depuis le numéro de juillet-août 1915 de la revue *291*, où l'entourage du photographe Alfred Stieglitz et les amis de Picabia sont dépeints sous la forme d'équivalents mécaniques, dans une manière qui n'est pas sans évoquer les caricatures de Marius de Zayas que Picabia connaît bien. Il extrait de revues spécialisées des pièces détachées qu'il reproduit et agrémente de citations latines cryptées. Dans une veine similaire, Christian Schad* s'empare des phrases aléatoires* inscrites par une machine à écrire pour composer le portrait abstrait du Dada Walter Serner. Ces portraits sont parodiés dans la presse* new-yorkaise ou parisienne et servent à stigmatiser ce que la critique juge être une certaine dérive de l'art moderne.

Les autoportraits, les portraits en forme d'hommage* des Dadas fournissent un important matériau d'étude car ils sont nombreux à orner les revues (*Dadaphone*), les tracts [voir Baader], les collages* ou les ready-made* (Marcel Duchamp* en évadé dans *Wanted* ou en femme) et dans le cinéma (Duchamp et Brogna Perlmutter posant nus pour le tableau vivant de *Ciné-Sketch*, intermède du ballet *Relâche* de Picabia). Le portrait s'immisce partout chez Dada, jusque dans la production de Sophie Taeuber* qui, en représentant Hans Arp*, fait un clin d'œil poétique et non dénué d'humour* au genre.

Francis Picabia, *Portrait de Tristan Tzara,* dessin extrait de *Cannibale.*

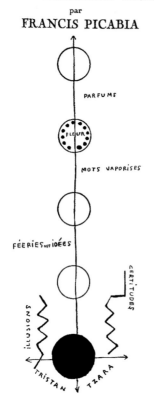

94

Raymond Hains, *Néo-Dada emballé*,
salon Comparaisons, Paris, 1963.

L'attitude* érigée en art, la notion d'aléatoire*, le concept de ready-made* et d'environnement en sculpture, le travestissement des apparences et des noms, la rue comme terrain de quête artistique, la poésie* sonore sont autant de pratiques dadas à compter parmi les nombreux legs qu'a fait le mouvement aux artistes qui l'ont suivi. La réception de Dada a pourtant été différente selon les pays, notamment entre la France et les États-Unis, la première ayant perçu Dada comme un phénomène surtout littéraire, surgeon du surréalisme*, quand les États-Unis ont plutôt assimilé la dimension abstraite et plastique du mouvement.

Aux États-Unis, le prestige grandissant de Marcel Duchamp*, dès les années 1950, a favorisé la réception de Dada. Des musiciens comme John Cage ou La Monte Young reconnaissent l'importance de son usage de l'aléatoire et de l'indéterminé en art. À la même époque, le Black Mountain College, en Caroline du Nord, est un lieu expérimental qui enseigne la fusion des disciplines, mêlant philosophie zen et indifférence duchampienne.

En France, un regain d'intérêt pour Dada se fait jour dans les années 1960. Ainsi, les nouveaux réalistes s'élèvent à «40° au-dessus de Dada» – un titre d'exposition à la fois hommage* et pirouette. Pour Raymond Hains, un monumental cheval (un *dada*) accueille les visiteurs du salon Comparaisons. Accompagné de Jacques de La Villeglé, Hains se met en quête d'affiches* dans la ville, d'une manière comparable aux déambulations berlinoises du duo* Raoul Hausmann*/Johannes Baader*. C'est d'ailleurs La Villeglé qui s'intéresse le premier à Baader en France. L'héritage est protéiforme et concerne, aujourd'hui encore, des artistes que continue à fasciner la vitalité pessimiste et éthique de Dada.

### ◼ Première Foire internationale Dada

« Disons-le tout de suite, cette exposition Dada est elle aussi un bluff ordinaire, une basse spéculation quant à la curiosité du public – une visite est inutile. » C'est ainsi que Raoul Hausmann* évoque ironiquement « ce que les critiques d'art vont dire de l'exposition Dada selon les dadasophes ». Le 5 juin 1920, la Première Foire internationale Dada, soit la plus ambitieuse exposition du mouvement, s'ouvre à Berlin à la galerie du Dr Otto Burchard (appelé pour l'occasion « Finanz-Dada » en raison de la mise à disposition de sa galerie). Initiée par John Heartfield*, Raoul Hausmann et George Grosz*, elle inclut des personnalités moins connues, tels Gerhard Preiss (photographié dans un numéro de danse*, le « Dadatrott »), Jefim Golyscheff et le peintre Otto Dix (qui fait là son unique apparition en tant que dadaïste). Max Ernst* et Johannes T. Baargeld*, de Cologne, exposent des œuvres, ainsi que le Hollandais Paul Citroën. Seul Francis Picabia* témoigne de l'activité dada à Paris.

Le troisième numéro de la revue *Der Dada*, qui fait office de catalogue de l'exposition, recense les cent soixante-quatorze œuvres exposées. Le texte de Wieland Herzfelde* est un plaidoyer pour l'art de la machine*, placé sous l'égide de l'artiste constructiviste Vladimir Tatline. L'auteur n'y parle ni d'œuvres d'art ni de création mais de « produits » dadas à vendre, prouvant une fois encore la volonté de Dada de se démarquer de tout sentimentalisme autour de la notion d'artiste* et du concept « périmé » d'œuvre d'art.

Des photomontages* de Hausmann, des dessins satiriques de Grosz, des affiches* ornées de photographies des Dadas par

Heartfield, des poupées par Hannah Höch* ou encore le spectaculaire assemblage* de Johannes Baader* nous sont connus par leur publication dans l'*Almanach Dada*, ouvrage-somme sur le mouvement, édité par Richard Huelsenbeck*.

*« Dada signifie en français : petit cheval de bois. Il impressionne par sa brièveté et son pouvoir suggestif. »*
Richard Huelsenbeck, *En avant Dada*

Ouverture de la Première Foire internationale Dada à Berlin, 5 juillet 1920. Raoul Hausmann, Otto Burchard, Johannes Baader, Wieland et Margarete Herzfelde, George Grosz, John Heartfield ; assis : Hannah Höch, Otto Schmalhausen.

97

Couverture de la revue *Le Crapouillot*, numéro spécial du 1ᵉʳ octobre 1919.
Illustration Natacha Liverka, *La Comtesse de N…*, pastiche d'une œuvre de Francis Picabia.
Paris, Bibliothèque nationale de France.

*« Dada travaille avec toutes ses forces à l'instauration
de l'idiot partout. »*
Tristan Tzara, *Manifeste sur l'amour faible et l'amour amer*, 1920

« Qu'est-ce que Dada ?… Découpe à l'aveuglette avec des ciseaux dans une feuille imprimée […] des mots ou des bouts de mots, et colle-les les uns derrière les autres selon une forme schématique : tu obtiendras ainsi un poème dada […]. Donne-toi sans autre raison le titre de Dada mondial, Super-Dada, Didilidum-Dada, ou Dada-rien-à-faire-de-ça, et cette autoproclamation sera publiée aussi loin que résonne la langue allemande, avec la même promptitude que si tu avais été nommé chancelier du Reich ou couronné du prix Nobel. » Cet article paru sous la plume d'un certain Dr Frosch dans le journal *Welt am Montag* du 10 septembre 1920 dit assez le mépris ironique de la presse face à Dada, qui parodie là ses propres méthodes.

Dans sa *Chronique zurichoise*, écrite en 1919, Tristan Tzara* relève « 8 590 articles sur le dadaïsme dans les journaux et revues » d'une soixantaine de villes, qu'il s'emploie (partiellement) à énumérer. À Berlin, à Zurich, à Paris et à New York, les comptes rendus des journaux se ressemblent singulièrement, stigmatisant le mouvement comme retour à l'enfance ou, à l'inverse, frappé de sénilité précoce (« Les Gaga », proclame *L'Écho de Paris*), de démence (« Timbres et timbrés »), d'idiotie* (à New York, dans *The World Magazine*, Dada est qualifié d'« art morne de l'idiotie »).

Dada contribue largement à entretenir ce phénomène en diffusant massivement les annonces des soirées, les tracts provocants et les textes du type « droit de réponse » (très appréciés de Francis Picabia*), jugeant de leur succès à l'aune du nombre d'articles de presse et à l'indignation soulevée. Dans la revue parisienne *Comœdia* paraissent très régulièrement des articles de Picabia, qui sont autant de témoignages de la vie artistique de l'époque, comme le montre cette réponse à Paul Signac, président de la Société des artistes indépendants, après son refus d'exposer *Veuve joyeuse* (1921) et *Chapeau de paille* (1921) : « La publicité* qui se fait autour de moi, c'est vous qui la créez […] oui, je fais des tableaux pour qu'on en parle – et aussi pour les vendre ; vous, vous en faites pour qu'on n'en parle pas et sans doute uniquement en vue des musées. » Picabia adressa une copie de sa précédente lettre sur le même sujet à pas moins de cinq quotidiens – *Le Matin, Comœdia, Paris-Midi, L'Éclair* et même le *New York Herald Tribune* –, prouvant, s'il était utile, que le jeu avec la presse se caractérise, chez Dada, par une réciprocité bien comprise.

*« Il plaît à Maurice Barrès de marcher sur les asticots, à condition de jouir sur le drapeau. »*
Georges Ribemont-Dessaignes, *Littérature,* août 1921

### ■ Procès Barrès

Mené à l'initiative d'André Breton\*, le « procès Barrès » fait partie d'un projet de « mises en accusation dadas », unique exemple d'une entreprise qui sonne le premier glas du mouvement parisien. Maurice Barrès, écrivain longtemps pacifiste, se tourne durant les années de guerre vers un nationalisme emphatique qui exaspère les jeunes écrivains regroupés autour de la revue *Littérature*\*. L'auteur qui écrivait jadis « Je pense bien peu de bien des jeunes gens qui n'entrent pas dans la vie l'injure à la bouche » a exercé un temps un ascendant considérable, notamment sur André Breton et Louis Aragon. Il se trouve accusé par les Dadas parisiens, le 13 mai 1921, de « crime contre la sûreté de l'esprit ».

Le tribunal dada est composé comme suit : Breton en est le président, Ribemont-Dessaignes\* l'assesseur, Louis Aragon et Philippe Soupault sont à la défense. Les témoins comptent Tristan Tzara\*, Jacques Rigaut, Benjamin Péret, Serge Charchoune, parmi quelques autres. L'événement est couvert par la presse\*. Cependant, Francis Picabia\* est opposé à l'idée d'un procès : « […] maintenant, Dada a un tribunal, des avocats, bientôt probablement des gendarmes. » Tzara aussi conteste le procédé mis en place par Breton : « Je n'ai aucune confiance dans la justice, même si cette justice est faite par Dada. » Parasitée par différents épisodes de protestation, dus à Tzara notamment, la plaidoirie d'Aragon est écourtée et la dernière séance s'achève dans un grand tumulte. Condamné par la « justice Dada », Barrès eut droit à une peine de vingt ans de travaux forcés. Comme le raconte l'historien de Dada Michel Sanouillet, « Barrès ne devait d'ailleurs pas survivre longtemps à sa condamnation puisqu'il mourut en 1923 ».

Les protagonistes du procès Barrès, 1921 : Louis Aragon, André Breton, Tristan Tzara, Philippe Soupault, Théodore Fraenkel, Maurice Barrès (le mannequin), Georges Ribemont-Dessaignes, Benjamin Péret, Jacques Rigaut, René Hilsum, Serge Charchoune. Coll. part.

## ■ PUBLICITÉ

*« Souscrivez à Dada, le seul emprunt qui ne rapporte rien. »*
Annonce anonyme parue dans la revue *Littérature**

Au moment où Dada apparaît sur la scène artistique, la publicité commence à se distinguer de l'ancienne réclame. De nouveaux outils visuels, la compréhension de l'importance d'une typographie* recherchée, de slogans fondés sur la répétition, la prise à partie du consommateur font de la publicité une véritable stratégie que Dada va reprendre à son compte. À Berlin, la revue *Der Dada* publie ce conseil en manière de réclame burlesque : « Investissez dans Dada. »
Tristan Tzara*, reconnaissant le legs des avant-gardes précédentes, notera : « On sait que les Cubistes, que les Futuristes ont employé des éléments de la réclame, phénomène moderne, en tant que composantes plastiques ou valeurs poétiques. Dada, lui aussi, a usé de la réclame, mais non pas comme d'un alibi, d'une allusion, d'une matière utilisable à des fins suggestives ou esthétiques. Il a mis la réalité même de la réclame au service de ses propres buts publicitaires. L'époque constructiviste de Kurt Schwitters*, tout en relevant d'une facture originale, se réfère à cette conception de Dada. » Seul artiste* à avoir une activité professionnelle publicitaire, Schwitters crée son agence en 1923. Pour lui, « la bonne publicité est bon marché, pratique, claire et concise, utilise des moyens modernes, possède une forme puissante ».
En 1924, le numéro 11 de la revue *Merz* est consacré à ce thème et présente les *Typoreklame* de Schwitters pour la firme allemande Pelikan.
L'attention portée à un texte court, provocant, à une mise en page dynamique est à l'image de la publicité d'alors. Francis Picabia*, dont c'est l'un des ressorts principaux, affirme même : « La publicité est une chose indispensable à laquelle je tiens beaucoup. L'une de ses formes, le scandale*, me séduit particulièrement. Si j'avais pu écrire Picabia dans le ciel avant Citroën, je l'aurais fait. »

Tristan Tzara,
*Une nuit d'échecs gras*,
paru dans *391*, 1920.
Paris, bibliothèque
Jacques-Doucet.

## ■ Ready-made

*« J'achetai dans une quincaillerie une pelle à neige sur laquelle j'écrivis :
"en prévision du bras cassé". Évidemment, j'espérais que
cela n'avait pas de sens mais, au fond, tout finit par en avoir un. »*
Marcel Duchamp, *Entretiens avec Pierre Cabanne,* juin 1966

Marcel Duchamp\*, alors que Dada n'a pas traversé l'Atlantique (« je ne savais pas qui était Dada, je ne savais même pas que le mot existait »), lance en 1917 une bombe dans le milieu artistique new-yorkais sous la

forme d'un trivial urinoir intitulé *Fontaine*, mystérieusement signé par lui du nom de R. Mutt. Peu après, Duchamp baptise cet objet* du nom générique de *ready-made*, soit un objet manufacturé uniquement choisi par l'artiste*. L'œuvre, refusée au Salon des artistes indépendants, trouve néanmoins une seconde vie par le biais d'une photographie par Alfred Stieglitz, publiée dans la revue *The Blindman*, et passe à la postérité comme objet dont le potentiel de scandale* n'est toujours pas épuisé aujourd'hui.

Lassé d'une peinture strictement visuelle et de ce qu'il appelle les « intoxiqués de la térébenthine », Duchamp dirige ses recherches vers un art d'intellection, espérant « atteindre une dissociation complète entre l'écrit et le dessiné ». Le titre devient ce qu'il nomme la « couleur » de l'œuvre et conditionne pour beaucoup la réception des ready-made par la presse*, qui se plaît à ironiser sur ce nouvel art moderne. Ils connaîtront une carrière publique tardive. Duchamp rappelle dans les années 1950 les circonstances de leur création : « […] le choix de ces ready-made ne fut jamais dicté par quelque délectation esthétique. Ce choix était fondé sur une réaction d'indifférence visuelle, assortie au même moment à une absence totale de bon ou de mauvais goût […] en fait une anesthésie complète ».

Loin d'être le fruit d'une attitude* désabusée, le ready-made questionne l'acte créateur et le pouvoir de l'artiste, sous une apparence de neutralité dont Duchamp sait qu'elle est factice, tout comme l'est l'inscription des ready-made au sein de Dada, que Duchamp n'a jamais refusée, non plus qu'il ne l'a revendiquée.

Page de gauche : Marcel Duchamp, *Fresh Widow*, ready-made, 1920. New York, Museum of Modern Art.

## ■ Ribemont-Dessaignes (Georges)

Dès 1911, Georges Ribemont-Dessaignes (1884-1974) se lie avec les cubistes de la Section d'or à Puteaux, que côtoient Marcel Duchamp* et Francis Picabia*. Il est uni à ce dernier par une même aversion des institutions artistiques, de l'académie en peinture (Ribemont-Dessaignes s'est formé chez le peintre Jean-Paul Laurens) comme des bons sentiments, et leur entente

Man Ray, *Georges Ribemont-Dessaignes*. Paris, bibliothèque Jacques-Doucet.

103

s'exprime dans la revue *391\**. À partir de 1917, Ribemont-Dessaignes produit une peinture très proche des œuvres mécanomorphes de Picabia. Ses comptes rendus des Salons (institutions qu'il mine de l'intérieur puisqu'il est membre de la Société des artistes indépendants et sociétaire au Salon d'automne) sont des textes au vitriol – seul Picabia peut rivaliser dans la franchise des attaques : «On ne fait que des natures mortes. C'est le genre français. L'amour et la mort, ça fait toujours jouir un peu», écrit-il dans un compte rendu de Salon paru dans le numéro 9 de *391*.

Ribemont-Dessaignes est aussi présent sur d'autres latitudes dadas, à Paris et à l'étranger, comme en témoigne sa participation aux revues *Z, Die Scham-made, Mecano, Littérature* et à l'*Almanach Dada\**. Dramaturge, il écrit, avec ses pièces de théâtre, un chapitre essentiel de l'histoire de Dada (*Le Serin muet, L'Empereur de Chine, L'Autruche aux yeux clos*, toutes publiées aux édi-tions Au Sans Pareil). Au contraire de Picabia, réticent à payer de sa personne sur scène, Ribemont est de toutes les manifestations parisiennes, de l'arrivée de Tristan Tzara\* au procès Barrès\*. Et, au vernissage de l'exposition Max Ernst\* à la galerie Au Sans Pareil en 1921, Ribemont-Dessaignes, le plus célèbre chauve de Dada, défie les visiteurs en répétant : «Il pleut sur un crâne. »

En 1958, il revient sur ses souvenirs dadas dans l'ouvrage *Déjà jadis ou Du mouvement Dada à l'espace abstrait*. À l'heure des bilans, André Breton\* affirme dans les années 1960 que Picabia, Ribemont-Dessaignes et Tzara auront été, finalement, les «seuls vrais Dadas».

### ▨ Richter (Hans)

*«Contre, sans, pour Dada. »*
Hans Richter

Le Berlinois Hans Richter (1888-1976) passe à ses débuts par le filtre détermi-nant de l'expressionnisme

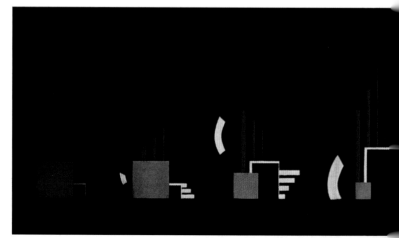

que défend Herwarth Walden, à la galerie Der Sturm. Mobilisé en septembre 1914, il est gravement blessé la même année. Influencé par les idées anarchistes, il se lie avec Franz Pfemfert, dont la revue *Die Aktion* reflète ses idées politiques, socialistes et pacifistes, ainsi que ses choix intellectuels (les révolutionnaires Rosa Luxemburg et Karl Liebknecht, les écrivains Theodor Däubler et Carl Einstein), et publie ses premiers dessins.

Richter se rend à Zurich en septembre 1916, après les débuts du Cabaret Voltaire*, alors que s'amorcent déjà les premières querelles. Il reconnaît l'importance de démarches multiples pour son propre travail : la forme élémentaire de Sophie Taeuber*, le contrepoint en musique du compositeur et musicologue Ferrucci Bursoni et sa rencontre, grâce à Tristan Tzara*, de l'artiste suédois Viking Eggeling avec lequel il va élaborer un équivalent pictural au contrepoint. Eggeling travaille à une syntaxe originale, véritable alphabet abstrait développant une série de formes en relation d'opposition (ou de complémentarité) par paires, qu'il appelle la « basse continue de la peinture ». Le duo* réalise des rouleaux peints (publiés par la revue *De Stijl*) et tente de parvenir à une expression cinématographique de ses recherches. Richter montre ainsi en 1923 à la soirée parisienne du « Cœur à barbe », organisée par Tzara, le film *Rythme 23*.

Un an plus tôt, au Congrès des artistes progressistes, Richter a formé avec Theo Van Doesburg et El Lissitzky la faction internationale du constructivisme*. Ses liens au surréalisme* sont également riches, ses films ayant par la suite une coloration plus proche du mouvement d'André Breton* que son premier cinéma expérimental, constructiviste et dadaïste à la fois. En 1964, Richter écrit son ouvrage sur l'histoire* de Dada, vu comme « art et anti-art ».

Hans Richter, *Rythme 23*, 1923, huile sur rouleau de toile. Genève, musée d'Art et d'Histoire.

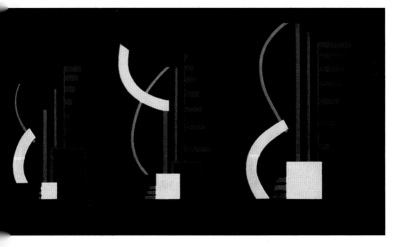

# ■ SCANDALE

orollaire des avant-gardes de la fin du XIXe siècle, le scandale est élevé au rang d'art par Dada. La « tradition » du scandale est certainement préparée par quelques figures en marge. Ainsi, le 12 juin 1917, Arthur Cravan [voir Avant-courriers], poète, mondain et boxeur, proche du cercle de Francis Picabia*, se dévêt à New York lors d'une conférence sur l'art moderne restée fameuse, avant d'être arrêté par la police et interné pour une courte période. Marcel Duchamp* présente dans la même ville et la même année un urinoir en porcelaine qu'il s'est contenté de signer du pseudonyme R. Mutt. Défendant le choix de l'artiste* et rappelant la règle du Salon des artistes indépendants, pour lequel il n'est « ni jury ni prix », Duchamp signe là le premier véritable scandale fructueux de l'art moderne, par l'introduction du ready-made*.

Le scandale chez Dada fait partie intégrante de sa stratégie de dérèglement des institutions et des codes sociaux. Au sein du modèle de l'exposition, comme sur scène, la confrontation avec le public est essentielle, notamment par le biais du manifeste*. Raoul Hausmann* évoque la « Tournée Dada », entreprise avec Richard Huelsenbeck* et Johannes Baader*, au cours de laquelle « les douze manifestes publics de Dada à Berlin, Dresde, Leipzig, Hambourg, Teplice-Sanov, et Prague furent des scandales parfaits [où] très souvent nous n'échappions qu'avec peine au lynchage ».

La fureur du public vise aussi les œuvres, ce qui explique peut-être le nombre important de pièces dadas perdues. Johannes T. Baargeld* écrit ainsi à Tristan Tzara* en 1920 à propos d'une œuvre : « Le relief a été endommagé par quelques crétins excités alors qu'il était exposé à Düsseldorf. » Pour le public, cet art moderne est une insulte à son encontre et la presse* s'en fait l'écho, notamment lors de l'ouverture du Salon d'automne de 1921 : le journal *Comœdia* révèle avec indignation que *Les Yeux chauds* de Francis Picabia est une reprise littérale d'un dessin industriel. Ce à quoi Picabia rétorque qu'il n'est pas plus idiot de copier des turbines que des pommes, allusion sans équivoque à l'œuvre de Paul Cézanne, alors au plus haut du panthéon de la peinture.

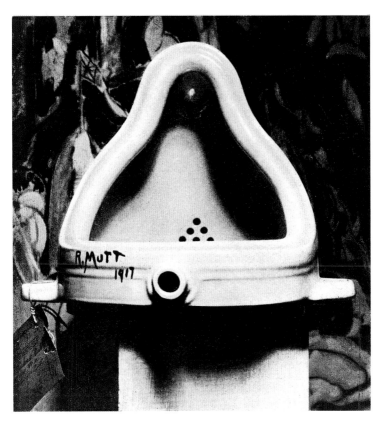

Marcel Duchamp, *Fontaine*, 1917, ready-made, urinoir en porcelaine.
Philadelphie, Museum of Art (photographie A. Stieglitz).

« L'insigne Dada qui se porte aussi agréablement que
la Légion d'honneur, ne coûte pas cinquante mille francs !
Vous pouvez vous le procurer en écrivant au secrétaire
du mouvement Dada, Monsieur Ribemont-Dessaignes,
18 rue Fourcroy, il vous l'enverra contre remboursement
de cinq francs avec le diplôme de Président. »
Annonce anonyme parue dans *391*, 12, p. 2.

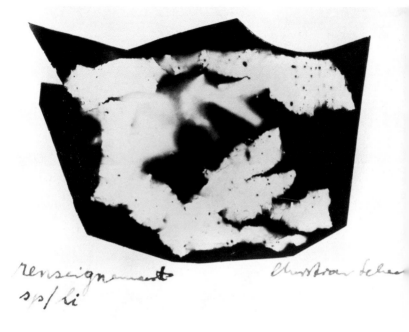

*renseignement*
*sp/li*

Christian Schad

### ■ Schad (Christian)

*« Il ne faut utiliser que des objets d'où émane un rayonnement magique. »*
Christian Schad

Christian
Schad,
*Renseignement
(Schadographie)*,
1918.

Pour l'artiste allemand Christian Schad (1894-1982), la déclaration de guerre résonne du même écho funeste et absurde que pour beaucoup d'autres Dadas : « L'officier était devenu la valeur de référence du citoyen et la guerre la meilleure preuve de ses capacités. […] Les artistes et les écrivains qui se trouvaient alors à Zurich formaient donc une force d'opposition, dont l'esprit allait évoluer vers Dada. » Mobilisé en juillet 1915, il prétexte une insuffisance cardiaque que cautionne un médecin compréhensif.
Passant l'été à Zurich, Schad rencontre Walter Serner, une personnalité singulière qui va faciliter ses échanges avec Tristan Tzara* et avec qui il noue des liens étroits :

ils publient ensemble dans des revues pacifistes proches de l'expressionnisme, tel *Sirius*. Schad rencontre également les piliers du Cabaret Voltaire*, Hans Arp*, Hugo Ball* et Emmy Hennings, mais n'entretient avec eux qu'une collaboration épisodique.
C'est pendant son séjour à Genève que l'influence de Dada se fait le plus sentir dans ses xylographies, ses reliefs en bois colorés et sa découverte de ce que Tzara baptise « schadographies » et qu'il publie dans le numéro 7 de sa revue *Dada** (sous le titre *Dadaphone*) ; ces photogrammes réalisés sans appareil photographique précèdent chronologiquement les rayographies de Man Ray*. La technique consiste à imprimer, en les exposant à la lumière du jour, des objets maintenus par une plaque de verre sur un papier photosensible, impressions que Schad découpe et agence ensuite en

de minuscules compositions abstraites où l'aléatoire* joue à plein. La fascination pour l'objet* de rebut, proche de l'attitude de Kurt Schwitters*, préside à la réalisation des schadographies, qui, selon Schad, sont le « résultat d'un temps dans lequel [il avait] une préférence pour tout ce qui traînait quelque part dans les rues, dans les étalages, dans les cafés et dans les poubelles. La plupart [...] était utilisable et charmante ».

### Schwitters (Kurt)

« Dada rejette absolument et avec la dernière énergie des travaux comme le célèbre *Anna Blume* de M. Kurt Schwitters », écrit Richard Huelsenbeck* dans l'*Almanach Dada* à propos du poème à succès de l'artiste de Hanovre. En 1918, Kurt Schwitters (1884-1948) entre en contact avec les Dadas berlinois. Soupçonné d'être apolitique et de servir la cause de la galerie Der Sturm, haut lieu de l'expressionnisme, Schwitters voit refuser sa demande d'intégrer le mouvement. Il riposte avec le concept Merz en 1919 – seul label* parallèle à Dada –, qui qualifie ses multiples voies d'expression : collage*, assemblage*, poésie*, édition, théâtre, peinture, performance, typographie*, architecture [voir Merzbau]. L'association entre l'artiste et son label est si profonde

Kurt Schwitters, *Das Bäumebild*, 1920, assemblage. Allemagne, coll. part.

que Schwitters annonce : « Je me dénomme moi-même Merz. » Le mot, issu de la périphrase *Kom*merz *und privatBank* (placée sur un tableau de 1919 aujourd'hui disparu), est, à l'égal de « Dada », l'étendard des activités (y compris commerciales) de Schwitters, qui conçoit Merz comme un processus de construction sur la durée, ainsi qu'en témoigne sa revue éponyme (publiée de 1923 à 1932). Merz renvoie à la notion de fragment : Schwitters assemble matériaux et mots, résidus ou morceaux de réel, trouvés au gré de ses quêtes urbaines, dans le but avoué de mettre en relation « toutes les choses du monde ». Ses collages Merz, à l'impact extraordinaire pour toute une génération d'artistes des années 1960, stigmatisent l'esprit du temps : « Pour des raisons d'économie, je pris [...] ce que je trouvais, car nous étions un peuple tombé dans la misère. On peut aussi crier en utilisant des ordures et c'est cela que je fis en collant et clouant. J'appelais cela Merz mais c'était ma prière au sortir victorieux de la guerre, car une fois de plus la paix avait à nouveau triomphé. » Cependant, comme l'avoue Schwitters, Merz est bien « ce chapeau individuel, qui n'allait qu'à une seule tête ».

### ▪ Sélavy (Rrose)

En 1920, Marcel Duchamp* s'invente un *alter ego* féminin du nom de Rrose Sélavy, qui va désormais intervenir à rythme irrégulier. Apparue d'abord comme jeu de mots (« Éros, c'est la vie ») dans le tableau de Francis Picabia* intitulé *L'Œil cacodylate*, Rrose Sélavy est passée à la postérité* grâce à quelques photographies de Man Ray*, soigneusement mises en scène par les deux amis. Si Duchamp ne rattache pas la figure de Rrose Sélavy à une activité proprement dada – de même que pour le reste de son œuvre –, c'est cependant en couverture de l'unique numéro de la revue *New York Dada** que Duchamp apparaît en travesti. Ce portrait* illustre un ready-made* intitulé *Eau de voilette*, détournant un flacon de parfum de Rigaud auquel Duchamp a ajouté le monogramme RS. En 1921, l'apparence féminine est peaufinée avec l'aide de Germaine Everling, la femme de Francis Picabia, ce dont rendent compte d'autres photographies connues de Man Ray.

En brouillant les genres, la figure de Rrose Sélavy malmène celle de l'artiste* et, au-delà du questionnement sur l'identité sexuelle, constitue un commentaire humoristique sur l'œuvre comme marchandise, détournant les codes de la publicité* et sa vision réductrice de la féminité. N'a-t-il pas choisi le prénom Rose pour ce qu'il avait, dit Duchamp, de « bêta » ? Mais Rrose Sélavy n'est pas seulement une image photographique puisqu'elle signe quelques ready-made parmi les plus énigmatiques (*Fresh Widow* en 1920, ou *Why not sneeze Rrose Sélavy* en 1921), et que la revue *Littérature** publie certains de ses aphorismes.

Man Ray,
*Marcel Duchamp
en Rrose Sélavy,*
v. 1920.
Philadelphie,
Museum of Art.

Duchamp est ainsi le seul des artistes figurant dans le cercle élargi de Dada à placer l'érotisme au premier plan, lui pour qui « tout est à base de climat érotique sans se donner beaucoup de peine ». Pour Duchamp – et pour Rrose Sélavy –, l'érotisme est l'autre *-isme* de l'art, en réalité plus important que le dadaïsme.

### ■ Surréalisme

Longtemps considéré comme le précédent juvénile et turbulent du surréalisme, Dada possède en réalité une identité fort distincte du mouvement d'André Breton*, dont l'idéologie n'a qu'assez peu à voir avec Dada. Cette « confusion volontaire » tient notamment au fait que l'histoire* de Dada a été écrite principalement en France jusque dans les années 1950,

imposant dès lors une lecture « franco-française » et donc surréaliste du mouvement – comme si Dada n'avait été qu'un phénomène parisien.

Dès 1922, les tensions se font jour au sein de Dada et Breton multiplie les critiques : « J'affirme que "Dada" n'a jamais été considéré par nous que comme l'image grossière d'un état d'esprit qu'il n'a nullement contribué à créer. » De même que le procès Barrès* rompt avec la frange la plus sceptique de Dada (Francis Picabia*, Tristan Tzara*), le classement des grands précurseurs, pratique très en faveur chez Breton, témoigne déjà d'une tout autre pensée.

Pourtant, Dada et surréalisme sont liés. Breton, lorsqu'il évoque ce moment

Max Ernst,
*Le Rendez-vous
des amis*,
1922-1923, h/t.
Cologne,
Museum
Ludwig.

de « passation » de Dada au surréalisme, à Paris, vers 1923-1924, parle d'une vague qui recouvre l'autre. Un certain nombre de Dadas parisiens suivent d'ailleurs Breton dans l'aventure surréaliste. Hormis les Dadas de la « première heure », tels Philippe Soupault, Louis Aragon et Paul Eluard, d'autres protagonistes participent à ce qui constitue une rupture dans les stratégies dadas de Tristan Tzara : ainsi de Robert Desnos qui s'illustre dans les « sommeils », véritable expérience surréaliste avant l'heure, de Jacques Baron ou de Benjamin Péret (le fidèle ami de Breton tout au long de sa vie). D'autres, comme Hans Arp* ou Marcel

Duchamp*, sont proches du surréalisme et participent occasionnellement à ses activités ; enfin, Max Ernst* entretient des liens durables avec ce mouvement central du XXᵉ siècle.

### ▪ Taeuber (Sophie)

Sophie Taeuber, née à Davos (Suisse) en 1889, commence des études à l'École des arts et métiers de Saint-Gall. Puis à Munich et à Hambourg, elle s'ouvre au courant viennois des *Werkstätte* et entame un apprentissage diversifié, allant de la broderie au tissage, en passant par la menuiserie. En 1916, elle suit sa sœur à Zurich, où elle découvre les œuvres abstraites de Hans Arp* et

d'Otto et Adya Van Rees à la galerie Tanner. Suivent deux années de collaboration avec Arp (qu'elle épouse en 1922) , au cours desquelles ils fabriquent des objets* en bois tourné et élaborent un vocabulaire plastique commun.

Taeuber est nommée professeur à l'École des arts appliqués de Zurich dès 1916. Tandis que commence l'aventure du Cabaret Voltaire*, elle prend des cours de danse* auprès de Rudolf von Laban, se lie d'amitié avec la danseuse Mary Wigman et le couple Hugo Ball*-Emmy Hennings. Elle danse à plusieurs reprises au Cabaret Voltaire et à la galerie Dada de la Bahnhofstrasse, revêtue des costumes

qu'elle confectionne et des masques dus à Marcel Janco*. Elle assiste avec Arp aux conférences d'un club placé sous l'égide du psychologue Carl G. Jung, intérêt dont on trouve un écho dans les marionnettes qu'elle conçoit en 1918 pour *Le Roi cerf*; cette pièce de Carlo Gozzi combine pour la première fois, en filigrane, le mouvement Dada et une intrigue dans les cercles de la psychanalyse.

Ses *Têtes Dada* (1918-1920) en bois tourné sont peintes de couleurs vives en aplats qui rappellent les structures orthogonales de certains de ses tableaux (*Composition horizontale-verticale,* 1918). Son goût pour l'abstraction* la conduit à se rapprocher, avec Arp, du groupe de Janco, Das Neue Leben, qui prône l'insertion de l'art abstrait dans le quotidien. Son langage artistique, très singulier au sein de Dada, témoigne d'une pratique totalisante, qui passe outre la classification par discipline. Sophie Taeuber meurt en 1943.

Sophie Taeuber, *Dada-Kopf (Portrait de Hans Arp),* 1918. Coll. part.

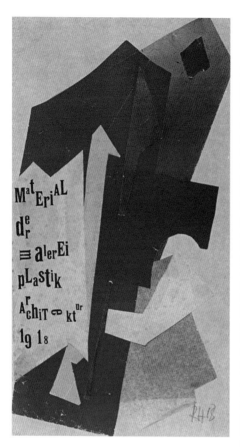

Raoul Hausmann, *Material der Malerei*, 1918, collage. Rochechouart, musée départemental d'Art contemporain.

Pour Tristan Tzara*, « chaque page doit exploser, soit par le sérieux profond et lourd, le tourbillon, le vertige, le nouveau, l'éternel, par la blague écrasante, par l'enthousiasme des principes, ou par la façon d'être imprimée ». Tzara s'intéresse ainsi de près à la fabrication de ses revues et de ses tracts. *Une nuit d'échecs gras*, page parue dans la revue *391**, révèle, grâce à la présence d'un document de travail, la recherche derrière l'apparence de spontanéité et d'aléatoire* de la composition. L'appropriation de l'index pointé (un signe courant sur le courrier réexpédié à l'envoyeur ou sur les pancartes dans les magasins) est caractéristique de Dada, et de Tzara en particulier, qui l'accole souvent à son propre nom, comme pour en souligner le caractère « événementiel », dans une démarche très publicitaire.

Liée intimement à la poésie chez Raoul Hausmann* ou Kurt Schwitters, pour qui la lettre possède des propriétés visuelles et vocales (voir ses poèmes-affiches*, ses tracts et ses ouvrages), la typographie est au cœur de leur projet artistique. Pour Schwitters, c'est même une activité professionnelle autonome : il travaille en tant que graphiste pour la ville de Hanovre et pour la firme allemande Pélikan, tout en faisant de sa revue *Merz* l'un des plus beaux terrains d'expérimentation dans l'art de la typographie.

## ■ Typographie

L'apport de Dada dans le domaine typographique est, en matière d'inventivité et de renouvellement des codes, sans beaucoup d'égal au sein des avant-gardes historiques. S'il est vrai que certains de ses plus beaux exemples sont nés du rapprochement de Dada et du constructivisme*, comme c'est le cas chez Kurt Schwitters*, Dada impose néanmoins un style qui lui est propre, aidé en cela par les précédents futuristes et leur poésie* de « mots en liberté » qui a donné lieu à une nouvelle approche de la page. Celle-ci est désormais un champ où la lettre règne en maître dans un désordre calculé.

## ■ Tzara (Tristan)

Né en Roumanie, Tristan Tzara (1896-1963), de son vrai nom Samuel Rosenstock, a dix-neuf ans à son arrivée à Zurich, au moment de l'aventure du Cabaret Voltaire*. Accompagné de ses compatriotes Marcel Janco* et Marcel Slodki, il se présente à l'annonce de Hugo Ball* et s'impose progressivement comme le meneur de Dada, dans un mouvement presque symétrique au retrait de Ball, son fondateur. Tzara est l'homme qui fait de Dada un « mouvement » en comprenant le mieux, après Ball, l'impact du mot Dada et l'importance de sa publicité*. Ce que confirme Raoul Hausmann* : « Tristan Tzara fut l'un des premiers à saisir la puissance suggestive du mot Dada. À partir de ce moment-là, il travailla avec acharnement à la propagation d'un mot qui n'allait recevoir son contenu que plus tard. Il empaquetait, collait et expédiait ; il bombardait de lettres Français et Italiens. » Premier manifeste* du mouvement, *La Première Aventure céleste de M. Antipyrine* inaugure la collection Dada en juillet 1916. Sa collaboration aux revues de l'avant-garde parisienne, telles *Nord-Sud* de Pierre Reverdy et *Sic* de Pierre-Albert Birot, constitue un lien avec Paris, renforcé lorsque Tzara rencontre à Zurich Francis Picabia*, séduit par le livre du poète intitulé *Calen-*drier du cœur abstrait maisons* (1918). La diffusion efficace de sa revue *Dada** achève de convaincre Tzara d'exporter Dada à Paris, où la réception passionnée de son *Manifeste Dada 1918* par le groupe de *Littérature** fait de lui l'objet de toutes les attentes. Insatiable propagandiste de Dada, poète majeur, Tzara contribue abondamment aux manifestations parisiennes, rompu aux méthodes d'exaspération du public depuis le temps de Zurich.

La scission avec André Breton*, amorcée dès le procès Barrès* et confirmée au moment du « Congrès de Paris » en 1922, se solde par le scandale* de la soirée du « Cœur à barbe », dans un théâtre parisien, en 1923.

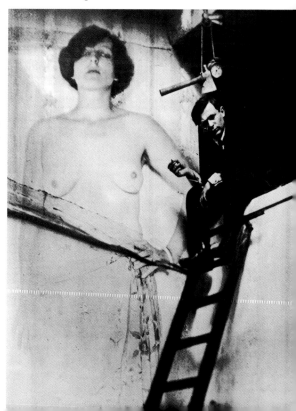

Man Ray,
*Tristan Tzara*,
1921.

## 1915

**New York** Premier numéro de la revue *291* d'Alfred Stieglitz avec la collaboration de Francis Picabia, rejoint par Marcel Duchamp. Celui-ci entame la réalisation de *La Mariée mise à nu par ses célibataires, même (Le Grand Verre)* et continue de concevoir des ready-made.

**Berlin** Soirée expressionniste organisée par Richard Huelsenbeck et Hugo Ball.

**Paris** Dernier numéro de la revue *Maintenant* d'Arthur Cravan.

## 1916

**Zurich** Ouverture du Cabaret Voltaire le 5 février. Parution en mai du numéro unique de la revue *Cabaret Voltaire*, où le mot Dada apparaît pour la première fois. En juillet, lecture du premier manifeste dada par Tristan Tzara ; intitulé *La Première Aventure céleste de M. Antipyrine*, il est publié dans la collection Dada. Arrivée de Hans Richter.

**New York** Marcel Duchamp, Walter Arensberg et Marius de Zayas créent la Société des artistes indépendants.

## 1917

**Barcelone** Premier numéro de la revue *391* de Francis Picabia.

**Zurich** Exposition Dada à la galerie Corray (Otto Van Rees, Hans Richter, Hans Arp, Marcel Janco),

rebaptisée en mars « galerie Dada ». Soirées et expositions se tiennent en mars et avril. En juillet, apparition de la revue *Dada*. Richard Huelsenbeck quitte Zurich pour Berlin.

**New York** Arthur Cravan arrive à New York. Second séjour de Francis Picabia. Refus du ready-made *Fontaine* signé R. Mutt (pseudonyme de Marcel Duchamp) par la Société des artistes indépendants ; une photographie de l'œuvre prise par Stieglitz est publiée dans la revue *The Blindman*.

**Berlin** Huelsenbeck publie le texte « L'homme nouveau » dans la revue *Die Neue Jugend*.

**La Haye** Premier numéro de la revue *De Stijl* par Theo Van Doesburg.

**Paris** La revue *Nord-Sud* du poète Pierre Reverdy publie des poèmes de Tzara. André Breton rencontre Louis Aragon puis Philippe Soupault par le biais de Guillaume Apollinaire.

## 1918

**Lausanne** Picabia, soigné pour neurasthénie, publie *L'Athlète des pompes funèbres* et *Poèmes et dessins de la fille née sans mère* ; il entame une correspondance avec Tzara.

**Zurich** Lecture du *Manifeste Dada 1918* par Tzara.

**Berlin** Fondation du Club Dada et première « Soirée Dada ». Raoul Hausmann

publie *Matériel de la peinture, sculpture, architecture*, illustré de gravures abstraites et d'essais typographiques. Johannes Baader interrompt un sermon dans la cathédrale de Berlin. En juin, première exposition de Kurt Schwitters à la galerie expressionniste Der Sturm. Insurrections spartakistes en Allemagne. Signature de l'Armistice le 11 novembre, mettant un terme à la Première Guerre mondiale.

**Paris** Mort de Guillaume Apollinaire.

**Mexico** Disparition en mer d'Arthur Cravan, au large de Mexico.

## 1919

**Zurich** Rencontre entre Picabia, Arp et Tzara. Dernière parution dada à Zurich avec la revue *Der Zeltweg* (Tristan Tzara, Walter Serner, Otto Flake) et dernière « Soirée Dada » à Genève (Christian Schad, Walter Serner).

**Berlin** Parution du manifeste et du tract « Les dadaïstes contre Weimar ». John Heartfield et Wieland Herzfelde publient *Jedermann sein eigner Fussball*. Aussitôt censurée, cette revue fait place à une autre, *Die Pleite*. En juin, parution de la revue *Der Dada*, dirigée par Raoul Hausmann.

**Cologne** Max Ernst et Johannes T. Baargeld publient *Der Ventilator* (6 numéros), puis *Bulletin D*.

**Hanovre** En juin, Schwitters lance la dissidence Merz.

**Paris** Lancement de la revue *Littérature* par Breton, Aragon et Soupault. Le poème de Tzara « Maison Flake » est publié dans le numéro 2.

## 1920

**New York** Fondation de la Société Anonyme par Man Ray, Marcel Duchamp et Katherine Dreier, qui entreprend de réunir une collection d'art moderne de premier plan.

**Cologne** Publication de la revue *Die Schammade*. L'exposition *Printemps Dada* d'Ernst et Baargeld, rejoints par Arp, est fermée par la police.

**Berlin** Première Foire internationale Dada chez Otto Burchard en juin. Parution de l'ouvrage *En avant Dada, une histoire du dadaïsme*, de Richard Huelsenbeck.

**Paris** Arrivée de Tzara. Premier « Vendredi de Littérature » organisé par le groupe de Breton et Tzara.
Les manifestations dadas s'enchaînent : présence de Dada au Salon des indépendants, « Festival Dada » à la salle Gaveau, expositions à la galerie-maison d'édition Au Sans Pareil (Georges Ribemont-Dessaignes, Francis Picabia, Max Ernst).
En mai paraissent les *23 manifestes du mouvement Dada* dans la revue *Littérature*.
Arp s'installe à Paris.

## 1921

**New York** Revue *New York Dada* par Man Ray et Duchamp.

**Paris** « Grande Saison Dada » : procès Barrès, visite et excursions (à l'église Saint-Julien-le-Pauvre). « Salon Dada » à la galerie Montaigne, auquel Duchamp, Breton et Picabia refusent de participer.
Exposition Man Ray à la galerie Six.

**Autriche** Vacances d'été au Tyrol (Tzara, Breton, Eluard, Arp, Ernst). Dernier numéro de *Dada*, intitulé « Dada au grand air ».
André Breton rend visite à Sigmund Freud à Vienne, qui le déçoit.

**Dresde, Leipzig, Prague** Tournée Dada de Hausmann, Baader et Huelsenbeck.

## 1922

**Paris** Duchamp repart à New York.
Échec du « Congrès de Paris » mené par Breton. Deuxième série de la revue *Littérature*. Publication du « journal transparent » *Le Cœur à barbe* de Tzara. La rupture entre Dada et Breton est consommée.

**Weimar** Congrès Dada-constructivisme à Weimar avec Van Doesburg, Tzara, Schwitters, Richter et Arp.

**Leyde** I.K. Bonset (*alias* Theo Van Doesburg) publie la revue *Mecano*.

## 1923

**Paris** Soirée du « Cœur à barbe » (projection du film *Rythme 23* de Richter, représentation du *Cœur à gaz*, pièce de Tzara, avec des costumes de Sonia Delaunay). Premières séances de « sommeil » organisées par Breton.

**Hanovre** Premier numéro de la revue *Merz* de Schwitters. Il rejoint Van Doesburg et sa femme Nelly aux Pays-Bas pour une série de manifestations dadas.

**New York** Inachèvement définitif du *Grand Verre* de Marcel Duchamp.

Tournée « Anti Dada-Merz » de Raoul Hausmann, Kurt Schwitters et Hannah Höch.

## 1924

**Paris** Dernier numéro de la revue *391* de Francis Picabia.
Breton publie le *Manifeste du surréalisme*.

# I N D E X

# BIBLIOGRAPHIE SÉLECTIVE

ADES Dawn, *Dada and Surrealism Reviewed*, cat. exp., Londres, Arts Council of Great Britain, Hayward Gallery, 1978.

BALL Hugo, *La Fuite hors du temps*, Monaco, Éditions du Rocher, 1993.

BORRÀS Maria Lluisa *et al.*, *Hans Arp*, cat. exp., Barcelone, Fundacio Joan Miro, 2001.

CEYSSON Bernard *et al.*, *Raoul Hausmann*, cat. exp., Saint-Étienne, musée d'Art moderne de Saint-Étienne, 1994.

DACHY Marc, *Le Journal du mouvement Dada*, Genève, Skira, 1989.

*Dada Berlin 1916-1924*, cat. exp., Paris, ARC, musée d'Art moderne de la Ville de Paris, 1974.

*Francis Picabia, singulier idéal*, cat. exp., Paris, musée d'Art moderne de la Ville de Paris, 2002.

GIROUD Michel, *Dada Zurich-Paris 1916-1922*, Paris, Jean-Michel Place, 1981.

GROSZ George, *Un petit oui et un grand non*, Nîmes, Jacqueline Chambon, 1990.

HAUSMANN Raoul, *Courrier Dada*, Paris, Allia, 2004.

HUELSENBECK Richard, *En avant Dada, une histoire du dadaïsme*, Paris, Presses du réel, 2000.

LEMOINE Serge, SEMIN Didier *et al.*, *Kurt Schwitters*, cat. exp., Paris, Centre Georges-Pompidou - musée national d'Art moderne, 1994.

MEYER Raimund *et al.*, *Dada global*, cat. exp., Zurich, Kunsthaus, 1994.

NAUMANN Francis M., ALDEN Todd et VENN Beth, *Making mischief, Dada invades New York*, cat. exp., New York, Whitney Museum of American Art, Harry N. Abrams, 1996.

PARTOUCHE Marc, *Marcel Duchamp. J'ai eu une vie absolument merveilleuse*, Marseille, Images en manœuvre, 1992.

SANOUILLET Michel, *Dada à Paris*, Paris, Flammarion, 1993.

SAWELSON-GORSE Naomi (éd.), *Women in Dada*, Cambridge (Mass.) et Londres, MIT Press, 1988.

*Sophie Taeuber-Arp*, cat. exp., Paris, musée d'Art moderne de la Ville de Paris, 1989.

SPIES Werner *et al.*, *Max Ernst*, cat. exp., Paris, Centre Georges-Pompidou - musée national d'Art moderne, 1991.

TZARA Tristan, *Dada est tatou, tout est Dada*, Paris, Flammarion, coll. « GF », 1996.

**Crédits photographiques :** AKG-IMAGES 4-5, 9, 11, 12, 13, 14, 16, 20, 33, 40, 51, 53, 54, 62, 66, 67, 72, 91b, 96-97, 109, 112, 113, /Archives CDA-Guillot 19, /Cameraphoto 102, /Erich Lessing 80, 92-93

ARCHIVES FLAMMARION 6, 15, 24, 27, 29, 34-35, 41, 45, 58, 59, 70-71, 76, 82, 84, 87, 94, 107, 108

BIBLIOTHÈQUE LITTÉRAIRE JACQUES-DOUCET, PARIS/Suzanne Nagy 74, 75, 78, 89, 101, 103

BIBLIOTHÈQUE NATIONALE DE FRANCE, PARIS 98

BRIDGEMAN 28, 63, 85

FONDATION ARP, CLAMART 31, 55

KUNSTHAUS, ZURICH 17, 46, 61

RÉUNION DES MUSÉES NATIONAUX (PHOTO CNAC/MNAC) 21, /Georges Meguerditchian 36, 56-57, /Philippe Migeat 38, 73, 81, 91h, /Bertrand Prévost 43

PHOTOTHÈQUE DU MUSÉE NATIONAL D'ART MODERNE, PARIS 47

DR 8, 23, 26, 32, 37, 49, 52, 60, 64, 68-69, 95, 100, 104-105, 111, 114, 115

Coordination éditoriale : Béatrice Gamba, assistée de Marie-Amélie Léon ;
Mise en pages et corrections : Julie Houis ; Relecture : Colette Malandain
Fabrication : Corinne Trovarelli ; Photogravure : Penez, Lille.
Achevé d'imprimer en juillet 2016 par GPS Group, Slovénie

© 2005, 2013 Flammarion, Paris
ISBN (Flammarion) : 978-2-0801-1453-2
Numéro d'édition : L01EBUNFA1453.A007
Dépôt légal : septembre 2005
*Imprimé en Slovénie*